AF386102

Gibts denn sowas? Unsere Wissensecke jetzt als praktis dch es Taschenbuch für unterwegs!

LEIF KOSTMAS

Fakten & Zahlen - mal anders aufgearbeitet

1. Auflage
© 2019 Kostmas, Leif
Alle Rechte vorbehalten
Umschlagmotiv /- gestaltung: © 2019 ausgegoren.de
Im Buch verwendete Bilder: © 2019 ausgegoren.de

Herstellung und Verlag:
BoD - Books on Demand, Norderstedt
ISBN: 978-3-746-04995-3

Ein Wort für Herrn Brünger:
- „**Danke**" !

Inhalt

Einleitung

In diesem Buch betrachten wir in ironisch- sarkastisch und auch ernsthafter Art und Weise den Alkohol. Vom gesellschaftlichen Aspekt und den regionalen bzw. kontinentalen Unterschieden. Die Entstehung des Konsums sowie der Integration in unser Leben als festen Bestandteil, angereichert mit langweiligen Statistiken zum weltweiten Wettsaufen.
Die Rolle der Werbung und der Mund-zu-Mund Propaganda sowie deren Ambivalenz zu den Fakten.
Der Rausch in seinen Stufen und Erscheinungsformen bis zur Abhängigkeit, und dem Verständnis als Krankheit. Die Folgen des Alkoholismus in nüchternen Zahlen, der Entgiftung und Entwöhnung sowie dem Symptom des Rückfalls.
Betrachten die Sucht als solches in unterschiedlichen Facetten und steuern ein durchaus ernsthafteres Glossar bei.

Leif Kostmas

I. Bestandteil der Gesellschaft

Geschichtliche Entwicklung

Alkoholische Getränke werden seit Jahrtausenden aus den unterschiedlichsten Zutaten wie Getreide oder Früchten zubereitet. Zwar machte sich bereits der Homo erectus vor rund 700.000 Jahren das Feuer zu Nutze; Erfreulicherweise hat dieser nicht umgehend mit dem Destillieren begonnen, es bestand also noch Hoffnung.
Seitdem der Mensch die berauschende und auflockernde Wirkung des Alkohols erkannte, etablierte sich der Rausch immer weiter in unserer Kultur, ist vielerorts und vielfältig ritualisiert: So brauten die Sumerer bereits vor rund 4.000 Jahren Bier, während die Griechen ihrem Wein und Rausch kurzerhand einen eigenen Gott (Dynosis) verpasst haben. Das kollektive Besäufnis wurde zu Ehren des Gottes abgehalten und der Wein als sein Blut betrachtet. Vergessen Sie das mit der Hoffnung, es ging also doch langsam aber sicher bergab.
Oder wie die alten Römer sagen würden: Vedi, Vedi, Bini.

Im Mittelalter gab es noch andere, rein praktische Erwägungen zum Konsum: Als Alternative zum oft verschmutzten Wasser oder der Möglichkeit zur Nahrungs-Konservierung. Für beides gibt es heutzutage andere, technisch ausgereifte, Lösungen. Dies jedoch tat der Herstellung oder dem Konsum von Alkohol keinen Abbruch, im Gegenteil: Die Herstellung wurde technisch hochgezüchtet und die Verfügbarkeit drastisch erhöht. So verfolgt der moderne Mensch emsig das Ziel der industriellen Automatisierung, was ihm auch mit der Herstellung von Alkohol und letztlich der damit einhergehenden Sucht gelungen ist.

Dank knallhart getakteter und rationalisierter Logistikkonzepte mit Schlagworten wie ‚Just in Sequence‘, sind einst lokale Produkte nun weltweit verfügbar, und das innerhalb von 24 Stunden von Ort zu Ort. Der globale Vollrausch in Reinkultur wurde perfektioniert – und er sah, dass es gut war. Es ward der achte Tag – und die Welt ist fertig, endlich fertig. So richtig fertig!

Gegenwärtiges

Ein angeheitert sein ertragen wir heutzutage mit Humor, einen gelegentlichen Vollrausch ebenso. Und wenn es der eigene war wird eben milde lächelnd und zähneknirschend das alte Loblied von „Nie wieder Alkohol" gesummt, mindestens. Diese Art der Gewöhnung trägt mitunter manches Mal auch seltsame Früchte:

„Man, hast du gestern Abend wieder einen Mist geredet. Hoffentlich hat keiner gemerkt, dass du nüchtern warst."
– Ehefrau /-Mann oder sonstige Partner

Ja, entsprechende Produkte gehören wie selbstverständlich in das Regal in jedem Supermarkt neben unsere Nahrungsmittel. Für uns üblich, beim Essen ein Glas Bier oder Wein zu trinken. Oder den Absacker danach. Oder beides. Oder von beidem mehr als nur einen.

Wenn um 15h die Fußball WM live angepfiffen wird aus einem Stadion, dessen Namen wir nicht aussprechen können, und sich die deutsche Nationalmannschaft zu diesem Zeitpunkt auch noch aktiv dran beteiligen sollte, gibt es draußen Public Viewing. Und im Büro wird die Arbeit niedergelegt und mit dem Chef gemeinsam im Konferenzraum ‚Fussi' geguckt. In beiden Fällen sind alkoholische Getränke dazu kaum weg zu denken.
Es wäre zumindest seltsam, wenn nicht sogar eine Zumutung, je nach spielerischer Leistung. Und den Namen vom Stadion können wir uns eh nicht merken, also darf es auch ein Bier mehr sein – auf diesem Kontinent.

Apropos: Spezielles von den Kontinenten

Afrika
Sehr weit südlich von uns, in Afrika, treffen wir auf einen Kontinent der Kontroversen. Laut WHO sind rund ein Viertel aller weltweiten Koma-Trinker in Afrika angesiedelt, obwohl der Kontinent nur rund 15% der Erdbevölkerung ausmacht. Wiederum gelten besonders die muslimischen Teile wie Tunesien, Ägypten oder dem Sudan als sehr abstinent.
Südafrika stellt den höchsten Anteil der Folgen; Hier gelten von den Alkoholkonsumenten 54% als

schwere Trinker. Die Quote der mit FAS zur Welt gebrachten Kinder liegt hier 12x so hoch wie in Mitteleuropa.

Und die Entwicklung ist steigend, da die Verlagerung von der Unter- zur Mittelschicht sich auch hier vollzieht und somit mehr Kaufkraft entsteht. Um Konzerne anzulocken, gewähren viele Staaten diesen Steuerfreiheit, was ein Experte bereits als „staatlich geförderten Selbstmord" bezeichnete.

Aktuell gibt es in der Art des Konsums, besonders auf dem Lande, noch starke Unterschiede. So trinkt der schwarze Farmer in einfachen Kneipen aus zusammengenagelten Brettern, so genannten Shebeen's, seinen vergorenen Mais- oder Hafersaft bis zum Umfallen, während der weiße Farmer Coke mit Brandy auf der Veranda bevorzugt – bis er ebenfalls umfällt.

Schließlich weiß man auch hier: Viele Wege führen nach Rom.

Traditionen folgend und Herstellungsprozesse nicht kennend, waren zunächst nur Getränke mit wenig Alkoholgehalt verfügbar. Die hochprozentigen Destillerieprodukte brachten später erst die Europäer mit.

In den Slums wird bis heute noch illegal gebrannt, nicht selten mit tödlichem Ausgang. Der Changaa genannte Schnaps enthält oft Methanol, Flugbenzin oder andere Gifte, welche die Wirkung verstärken sollen. Die Alkoholkonzerne machen sich dies zu nutze, indem sie ihrerseits Changaa herstellen, allerdings die höhere Reinheit und somit reduzierten

Gefahren explizit bewerben.

Amerika

In Amerika wurde Alkohol zur Zeit der Prohibition ab 1920, also wenige Jahre nach dem ersten Weltkrieg, vollständig verboten.

Unter dem Druck der Abstinenzbewegung war dies, angesichts des drohenden Verlustes der christlichen Werte, welche letztlich den Einfluss auf die Menschen aus machten, ein letzter Versuch, diesen Einfluss durch das Verbot zu erhalten.

Hintergrund war die Tatsache, dass viele Brauereien eigene Saloons für den Ausschank betrieben. So kam es nicht selten vor, dass eine solche Trinkhalle auf nur 200 Einwohner kam. Von der ‚Anti-Saloon-Liga‘ beeinflusst, gab man schließlich dem ‚Saufteufel‘ die Schuld an allen Missständen wie Elend, Korruption und Kriminalität sowie sozialen Problemen.

Der Schwarzmarkthandel und die Schwarzbrennerei blühten infolge dessen, und manch Mafiosi wurde dadurch zum gemachten Mann. Dass derlei Erzeugnisse manches Mal erst recht schädlich waren, rührt daher, dass in den illegalen Destillen ab und an undefinierbare Substanzen mit verarbeitet wurden. Gerüchteweise traten durch den Genuss hier und dort mal der Teil- oder gar Totalverlust des Sehvermögens oder direkt ein irreparabler Hirnschaden ein. Was aber auch zu vernachlässigen war: Schließlich war das Zeugs eh illegal, also wen kümmern die Zutaten.

Insofern kann die Prohibition exemplarisch als krachend gescheiteres Beispiel heran gezogen werden, dass sich Alkohol nicht verbieten lässt und der Versuch oftmals noch größeres Übel verursacht, als das, was man eigentlich zu bekämpfen hoffte.

Seit bereits 1933 längst wieder erlaubt, kocht jeder Bundesstaat dort sein eigenes Regelgebräu, was sich dann in den jeweiligen Gesetzen wieder findet.

Asien

In Asien wiederum sorgt eine Besonderheit vieler Einwohner für ein anderes Trinkverhalten: Rund 50% der Einwohner aus beispielsweise Japan oder China fehlt aufgrund genetischer Veranlagung ein bestimmtes Enzym, welches maßgeblich für den Alkoholstoffwechsel verantwortlich ist und diesen somit abbaut: Sie vertragen Alkohol sehr schlecht und bereits bei geringen Mengen setzt die so genannte „Flush-Reaktion" ein, also Herzrasen, Übelkeit und Schweißausbrüche.

Diese Genveränderung soll laut aktuellen Forschungen auf die Anfangszeit des Reisanbaus zurück gehen: Die Bauern konservierten den Reis mit Hilfe von Hefepilzen, welche dabei als Nebenprodukt Alkohol erzeugte. Dieser wurde in großen Teilen der Bevölkerung mit dem Reis ständig in großen Mengen zu sich genommen, was zu den bekannten Organschäden führte. Ob sich die Bevölkerung von jung bis alt folglich in einer Art Dauerrausch befand, ist nicht bekannt.

   Bestandteil der Gesellschaft

Man vermutet, dass sich daraus eine Alkoholintoleranz als Schutz vor diesen Schäden entwickelte. So scheint sich im Laufe der Jahrhunderte diese genetische Veränderung fest im Erbgut verankert zu haben *(Evolutionäre Logik: Man lasse ein bestimmtes Enzym weg, womit das Ethanol nicht mehr in das giftige Acetaldehyd verstoffwechselt werden kann. Folglich wird der Alkohol aber auch nicht mehr abgebaut und dem Konsumenten widerfährt so gar nichts gutes dabei)* .

Arabische Staaten

Unsere muslimischen Mitbürger haben bekannter Weise ein anderes Verhältnis zum Alkohol: Nämlich gar keins. Zwar kann man auf Entgiftungsstationen auch ab und an einen gläubigen Moslem antreffen, aber grundsätzlich ist Alkohol unter Moslems bekanntermaßen kein Thema.

Man stelle sich einmal vor, ein deutsches Unternehmen lädt zum Meeting mit potentiellen Käufern/Interessenten (= Geldgebern) aus Saudi Arabien. Im Meetingraum scheinen die Weichen auf sprudelnde Einnahmen bereits gestellt, man will den Erfolg abrunden und organisiert das Essen im Anschluss. So weit, so gut – aber:

In eine Pork-Barbecue & Whisky Bar! All you can eat (& drink…). Was auch immer die an der Planung beteiligten Personen dabei im Vorfeld geritten hat – hier wurde buchstäblich nicht über den eigenen Tellerrand hinaus gesehen und die benannten gestellten Weichen landeten im hohen Bogen im Hochofen.

Auf der nächsten Seite zerlegen wir die Kontinente
etwas feiner und schauen uns ein paar Vergleiche
im weltweiten Wetttrinken an.

II. Länderstatistik

Die WHO hat analysiert:

Noch etwas feiner wird der Unterschied deutlich, wenn man die Statistiken der WHO betrachtet. Zur Vereinfachung: Wenn von einem Liter reinen Alkohols die Rede ist, so kann man sich diese Menge wie folgt versinnbildlichen:
1L 100% Alc =
– 3,3Fl Schnaps mit 40% Alc, oder
– 6,6Fl Liköre u.ä. mit 20% Alc, oder
– 11,11Fl Rotwein mit 12% oder
– 14,8Fl Weißwein mit 9% oder
(Bis hier hin galt die Einheit zu 0,75l Flaschen)
– 21 Maß bzw 42. halbe Liter Bier bzw. 104 Kölsch im 0,2l Glas

Mit dieser Schablone bewaffnet, kann sich nun jeder ein Bild davon machen, was genau gemeint ist, wenn wir uns den Zustandsbericht über Alkohol von der WHO aus dem Jahre 2011 ansehen:

Östlich gelegen

Acht von zehn Staaten in den Top 10 sind in Osteuropa zu finden. Andorra bildet die westeuropäische Ausnahme mit 13,8l pro Kopf, davon fast die Hälfte Wein. In der Liga zwischen 13-14l gesellen sich die Ukraine, Ungarn, Tschechien und die Slowakei dazu. Tschechien als Erfinder des Pils trinkt erwartungsgemäß mehr als 50% davon Bier, wäh-

rend Ungarn seine 13,3l insgesamt zu etwa gleichen Teilen auf Bier, Wein und Spirituosen verteilt. Die Ukraine mit 13,9%l und die Slowakei mit 13,0l sind jeweils mit über 45% Anteil Konsumenten von Spirituosen.
In den Top 5 sind mit 14-18l pro Kopf Rumänien (14,4l), Russland (15,1l), Litauen (15,5l), Moldau (16,8l) und Weißrussland (17,6l) zu finden. Litauen und Rumänien bevorzugen mit jeweils etwa 50% das Bier, während die anderen drei Länder mit ab 50% Anteil lieber Spirituosen trinkt.

Rest Europas & Nordamerika

Unter den Top 11-40 sind 21 weitere europäische Staaten. Von Portugal bis Estland und von Irland bis Griechenland einmal quer durch Europa ist dies die Liga der 10-13l Konsumenten. Im Schwerpunkt steht Bier an vorderster Stelle, wenn man von den typischen Weintrinker- Nationen wie etwa Frankreich (Platz 18 mit 12,2l, davon 56,5% Wein), Griechenland (auf Platz 38 mit 10,3l, davon 47,3%) oder auch Kroatien, Slowenien oder der Schweiz absieht.
Der deutschsprachige Raum tummelt sich auf den Rängen 23 (Deutschland), 34 (Schweiz) und 36 (Österreich). Weit abgeschlagen sind Norwegen auf Platz 65 und, trotz aller Weine, Italien mit Platz 87; Also zieht der äußerste Norden und Süden einfach nicht mit.
Damit ist Sense für Europa, reicht ja auch irgendwie: Von 190 erfassten Staaten ist Europa unter

                                    Länderstatistik

den ersten 40 so gut wie vollständig vertreten.

Einmal über den großen Teich nach Nordamerika trinkt man sich in Kanada mit 10,2l pro Kopf auf Platz 40 und verteilt das zu 50% auf Bier und je 25% auf Wein und Spirituosen. Damit ist man acht Plätze vor den Schwestern und Brüdern aus den USA, welche bei 9,2l zu 50% Bier bevorzugen und weitere rund 33% auf Spirituosen entfallen.
Am anderen Ende der Welt haben sich die Australier auf Platz 19 mit 12,2l bei 44% Bier und 36% Wein hoch gearbeitet – während die Nachbarn in Neuseeland sich mit Platz 31 bei recht ähnlichen Getränkevorlieben begnügen.

Korea & China

Einen Sonderfall in Asien stellen die Koreaner da: So scheint hier das Thema mit dem fehlenden Enzym nicht so gehäuft vorzukommen. Jedenfalls schiebt sich der trinkfreudige Südkoreaner mit seinem ‚Soju‘ *(Überwiegend aus Reis destilliert)* gerne komatös auf Platz 17 der Weltrangliste vor. Von den 12,5l pro Kopf im Jahr entfallen rund 71% auf Soju und dessen Ableger. Damit haben sie sich laut WHO den ersten Platz im Konsum von hochprozentigem ertrunken: Gegenüber Mengen von 90 Millionen Kisten bzw. drei Milliarden Flaschen haben Platzhirsche wie Wodka, Rum oder Whisky einfach das Nachsehen.
Da können die nördlichen Nachbarn nur nüchtern über die Grenze gucken und sich mit 3,7l bei 94%

Spirituosen Jahresverbrauch pro Kopf mit Platz 128 begnügen. Fast das Doppelte geht in die chinesischen Nachbarn im Jahr rein, hier mit 69,2% Hartgas und 27,8% Bier. Wein scheint man im Reich der Mitte auf Platz 89 (ebenfalls mittig) keine besondere Beachtung zu schenken.

Südlich vom Äquator

In Afrika gehören kurz nacheinander die Staaten Südafrika (Pl. 30), Gabun (Pl. 32) und Namibia (Pl. 33) zu den 11l pro-Kopf-Konsum Vertretern. Allen gemeinsam ist die Dominanz von Bier auf der Getränkekarte. Während der Anteil in Südafrika 50% (Wein, Spirituosen und Shangaa jeweils um die 16,6%) ausmacht, liegt dieser in Namibia bei 96,7%, womit man dort (fast) keine Spirituosen und Wein kennt. Gabun liegt mit 68% Bier Anteil in der Mitte dieser drei Staaten. Allen gemein ist die Lage südlich vom Äquator und mit direktem Zugang zum Atlantik.

Mit der Abgrenzung der Kontinente Nordamerika, Europa und Australien / Ozeanien sowie großen Teilen Asiens haben wir nun voran gehend eine recht ansehnliche Landmasse benannt. Zwischen den Plätzen 35 und 155 tummeln sich allerlei Staaten rund um den Globus: Südamerika, Afrika, Asien und in allen Glaubensrichtungen. Diese hier jetzt weiter aufzuschlüsseln würde allerdings den Rahmen sprengen.

Muslimische Länder

Ab Platz 155 bis zum Platz 190 und damit Ende dieser Statistik finden sich die Staaten mit 0,1 – 1,5l pro Kopf Konsum pro Jahr. Reine 0,0 Staaten sind in dieser Statistik nicht vorhanden. Die hier auf den letzten 35 Plätzen stehenden sind, wen wundert es, zu sehr großen Teilen vollständig oder teilweise muslimisch.
Im Kontext dieses Buches kann man selbige zu den Plätzen im sonst so unbeliebten Tabellenkeller an sich nur beglückwünschen.

> „Also", sprach Zarathustra, „lasset sie auf der nächsten Seite sprechen und ihre glänzenden Waren feilbieten"

III. Suggestion

Die Mär vom Rotwein

Nach der gesellschaftlichen Kurzübersicht brechen wir die Details auf die Hersteller und Werbetreibenden herunter:
Das gesunde Glas Rotwein am Abend ist ein hartnäckiger Volks(aber)glauben. Zwar scheint eine geringe Menge am Tag tatsächlich unter ganz bestimmten Voraussetzungen einigen Krankheiten entgegenzuwirken, wie koronare Herzkrankheiten oder Schlaganfall; Dies wirkt auf den ersten Blick auch logisch, da Alkohol ein Blutverdünner ist und die Gefäße somit 'schmiert'. Allerdings leiden andere Organe eben bereits bei genau diesen geringen Mengen an Alkohol, was den Blickwinkel wiederum verschiebt.
Die Daten zum vermeintlich gesunden Konsum beruhen in der Regel nicht auf empirischen Erhebungen, sondern sind bestenfalls das vage Nebenprodukt anderer Studien.

Werbung

Weiterhin unterstützt die Werbung mit ihren Produktempfehlungen wohlwollend unsere Kaufentscheidungen, und das seit geraumer Zeit (*die Alkoholindustrie ließ sich den Spaß im Jahr 2016 hierzulande 557 Millionen € kosten*). Auf der anderen Seite tun wir das aber auch, bewusst oder unbewusst, selbst unter uns: Wir empfehlen uns das

Gift gegenseitig. So eine Szene in einer holländischen Bar, man gibt eine Empfehlung über deutsche Spitzenweine aus der Region rund um Mosel und Saar ab:

„Ihr Deutschen produziert echt geniale Weine, aber wisst ihr, was euer größtes Problem ist? – Ihr sauft alles selber!"
– Holländischer Weinkenner (im Ruhestand, Anm. d. Red.)

Damit soll gesagt sein: Irgendwo her bekommen wir immer heiße Tips, was uns jetzt bestimmt gut tun würde, aber nur die Werbung perfektioniert es natürlich. Wir sortieren das bunte Treiben absteigend nach Prozenten hier einmal durch:
Sei es das Glas, welches auf dem Sessel vor dem lodernden Kamin zu sich genommen wird, kaum dass man dem Sauwetter hinter verschlossene Türen entflohen ist; Oder einem Besonderes widerfährt, ist schon ein Glas wert. Männlich, markant – dreifach gebrannt. Man sagt, er habe magische Kräfte oder der Abend geht, und der Freund kommt. Oder wir besuchen diesen in einer abgelegenen Destille in Tennessee und bestaunen die Sammlung Fässer im Reifeprozess.
Am sonnigen Strand gibt man sich ausgelassen bei eisgekühlten Long- und Fruchtdrinks. Oder entsprechendes auf der Edel-Yacht in Katalog verdächtigem Hochglanzlack, natürlich in weiß, angereichert mit trinkenden Barbie's & Ken's.
Abteilung hochprozentig. Was lernen wir:
Weinbrand, Cognac, Whisky & Co, also dunkle

Brände mit Reife stellen Ruhe, Entschleunigung, die Gemütlichkeit am Ende eines (anstrengenden) Tages da, wo Mann sich einfach viel Zeit nimmt, um bei einem Glas alleine runter zu kommen.

Helle Brände und Liköre, die nicht viel Lagerung erfahren, stellen dagegen meist gemischte Gesellschaften da, die in Feierlaune sind: Sommerlich, spritzig, klar und fruchtig geht es zu. Da kann Frau & Mann nur einsteigen und mit schunkeln wollen.

Trocken trinken ist besser als trocken feiern. Bei Fenchel, Hummer und Artischocken darf das gefüllte Glas nicht fehlen, oder ein adrett gekleideter Herr mit Dreitagebart und übermäßig kräftiger Stimme raunt mit der Flasche in der Hand durch den Raum.

Und ab zu den Brauereien: Zu zweit im Friesennerz die Flaschen ploppen lassen, die Anderen segeln schon einfach mal so auf nimmer Wiedersehen nach sonst wo. Obwohl man(n) ja auch direkt hier den Kennerdurst löschen könnte. Und kurz und knackig kommt man auch hier daher, mit Suggestivfragen „… – was dagegen?" Modern über soziale Medien inkl. Kommentarfunktion, was tausendfach geliked wird.

Wieder andere trinken teamweise in der Sonntag-Formel-1-Runde um die Wette für den Regenwald, während live auf den TV Geräten völlig überzüchtete PS-Boliden in viel zu engen Kurven mit lebensmüden Überholmanövern bei haarsträubenden Geschwindigkeiten vor sich hin dröhnen – das imponiert.

Abteilung schwachprozentig. Was lernen wir:
Frau und Mann werden unterschiedlich angesprochen, schon alleine der Getränkeauswahl wegen.
Bei beiden steht hier absolut vordergründig die Gesellschaft beim Trinken, allerdings mit unterschiedlichen Vorzeichen: Frau mag es lieber elegant, verführerisch und romantisch. Während Mann es abenteuerlich, markant, direkt und cool braucht.

Will sagen: Dem Alkoholkonsum wird etwas positives angedichtet und nach Zielgruppe werden die Getränkegruppen maßgeschneidert angepasst. Der Konsum wird als erstrebens- und begehrenswert deklariert, ja regelrecht idealisiert. Man kann jetzt einwenden, dass das eben auch Sinn und Zweck der Werbung ist. Das stimmt, und nun kommt das Aber:

Die Kehrseite

Damit entsteht nur eine klitzekleine Ambivalenz zu den Tatsachen:
Kundenbindung wird bekanntlich groß geschrieben, welche eben mittels Abhängigkeit garantiert ist. Und die kann gar nicht früh genug beginnen.
Keine Werbeagentur würde auf die Idee kommen, die durch Alkoholkonsum gescheiterten Ehen als positiv und zielführend zu thematisieren. Schon gar nicht mit FAS geschädigtem Nachwuchs auf dem Arm.
Oder als Motiv einen Obdachlosen unter einer Wolldecke auf einer Matratze liegend am Hamburger

Hafen, mit letzter Kraft die Flasche billigsten Fusels festhaltend, zu wählen.

– Slogan: ‚Und bist du noch so runter, unser Nord-billi-Korn, der macht dich munter‘.

Oder die Matratze als besonders witterungsbeständig zu offerieren.

Ganz findige Werbetexter werden sich eventuell auf sehr sonderbare Weise einem zumeist ungewollten, aber auch unumgänglichen, Produkt des exzessiven Trinkens annehmen:

Zum Karneval Reinigungsdienste nach Gasse in Metern *(Akkordzuschlag bei der Kölner Gasse Auf dem Rothenberg,)* und als zubuchbare Dienstleistung die fachgerechte Entsorgung der Schnapsleichen direkt mit anbieten. Gleiches gilt übrigens analog für den Hügel an der Theresienwiese in München zum Oktoberfest, hier wird jedoch nach Quadratmetern abgerechnet – Obacht! Des koann toia wer'n.

Eventuell kommt auch der Werbefritze eines überregionalen Schnitzelrestaurants auf die glorreiche Idee, die knusprig und gold-gelb frittierten Schnitzel eben als deutlich ansehnlicher und appetitlicher zu illustrieren, als es eben die neben dem Schnitzel abgebildete zirrhotische Leber im Endstadium ist. Eine gewisse Ähnlichkeit zu einem über Nacht in der Friteuse vergessenem panierten Schnitzel lässt sich da schließlich nicht abstreiten, Interessierte mögen dies bitte googeln.

Suggestion in Verbindung mit dem bewussten Ausblenden der Tatsachen. Aber natürlich wird angeführt, dass niemand zum Konsum gezwungen wird. Ist bei Zigaretten ebenso, allerdings sind diese schon vor geraumer Zeit aus den Werbepausen verbannt worden. Ob man mit der Bebilderung auf den Packungen etwas bewirkt sei dahin gestellt. Aber immerhin ist schon einmal das Werbetreiben in diesem Fall großflächig unterbunden.

> Was machen wir nun mit den ganzen Empfehlungen? Achja: Ausprobieren!

IV. Der Rausch

Abwägungssache

Nun wissen wir, wie der Alkohol in weiten Teilen der Welt gesehen und gehandhabt wird. Und die freundlichen Hilfestellungen bei der maßgeschneiderten Auswahl des Getränkes haben wir auch verinnerlicht. Jetzt kann ja gar nichts mehr schief gehen. Es gilt, frisch erlerntes direkt in die Tat umzusetzen – also hoch die Tassen!
Oder werfen wir eventuell doch lieber erst mal nüchtern einen Blick darauf, was uns hier bevorsteht? Na schön:
Die hier verwendeten Werte beziehen sich auf Otto-normal Gelegenheitstrinker in freier Wildbahn und sind somit Minimalwerte. Rauscherprobte und hauptamtliche Alkoholkonsumenten werden bei den benannten Werten vermutlich eher müde lächelnd noch einmal nachschenken. Oder zwei mal. Oder den ganzen Tag.
Aber eigentlich ist es ja auch wichtig, sich nicht gleich so dermaßen zu besaufen, dass man am nächsten morgen nichts mehr davon weiß und sich im Straßengraben, fremden Betten oder ohne Hose auf Toiletten unseriöser Veranstaltungen wieder findet. *Eigentlich*.

Unterschiede

Und da sind wir schon bei den Unterschieden. Auch hier gilt: Wie immer ist alles relativ und individuell zu bemessen. Während die Einen bereits sternhagelvoll unter dem Tisch liegen, tagen die Anderen des Sit-Ins bei gleichen Promillezahl ohne zu lallen munter weiter. Woher kommen diese Unterschiede? Heiße Getränke oder mit Kohlensäure, Zuckergehalt, hohe Trinkgeschwindigkeit oder ein leerer Magen sind Faktoren, welche die Aufnahmegeschwindigkeit ins Blut erhöhen.

Entscheidend ist aber vor allem die Tatsache, dass Alkohol sich besser in Wasser als in Fett löst. Dies begründet, warum Frauen weniger vertragen als Männer: Sie haben schlichtweg einen höheren Anteil an Körperfett. Dazu verfügen Frauen über eine geringere Menge der Alkohol abbauenden Enzyme. Sie sind folglich von der gleichen Menge Alkohol schneller und länger betrunken.

Ferner haben Menschen, die mehr wiegen, in der Regel auch mehr Wasser im Körper. Somit verteilt sich der Alkohol auf mehr vorhandene Körperflüssigkeit, womit der Alkoholspiegel im Blut geringer ausfällt als bei Menschen, welche die gleiche Menge zu sich genommen haben, aber weniger wiegen.

Wenn sich also ein kapitaler 250-Pfünder männlicher Natur als besonders trinkfest gegenüber den halb so schweren Vertretern des weiblichen Geschlechts erweisen sollte: Don't worry, liebe Damen – es ist ganz einfach anatomisch bedingt. Und unfair gleichermaßen – aber irgendwas ist ja bekanntlich immer.

Abstufungen

Stufe 1

Bei bis zu 0,2 Promille wird's langsam lustig. Ein Glas Bier bzw. 0,25l Wein sorgt für leichte Erheiterung. Manch Abhängiger liegt hier bereits im Krankenhaus, kommt allerdings auf der Gegenspur angerauscht: Mit lebensgefährlichen Entzugserscheinungen ein Fall für die Notaufnahme.

Stufe 2

Nach insg. 3 Bieren oder einem halben Liter Wein wird bei rund 0,5 Promille die Stimmung euphorisch, der Rededrang setzt ein. Noch nicht zu vergleichen mit späterem Logorrhöe wohlgemerkt. Die Reaktionsfähigkeit lässt nach, leichte Störungen der Koordination und Selbstüberschätzung gesellt sich zu der Geselligkeit.
Im weiteren Verlauf fallen Hemmungen, die Risikobereitschaft steigt.
Weiter geht's, halb besoffen ist raus geschmissenes Geld:

Stufe 3

Endlich bei dem angekommen, was Fachleute als Rauschstadium bezeichnen. Mit mindestens 1,0 Promille in der Blutbahn steigt die Enthemmung steil an – während Kritikfähigkeit und Reaktionsfähigkeit eine gegenteilige Entwicklung erfahren. Lallende Sprechstörungen und Selbstgespräche werden langsam peinlich. Im Festzelt wird aus anfänglichem Schunkeln auffälliges Schwanken, die

Euphorie wackelt bedenklich mit.

Die Ersten haben hier bereits rückwärts gefrühstückt und werden schläfrig, während so mancher Spiegeltrinker ab hier überhaupt erst halbwegs klar denken kann.

Stufe 4

Im so genannten Betäubungsstadium ab etwa 2,0 bis 3,0 Promille setzt denn der Kontrollverlust ein und das Reaktionsvermögen entspricht langsam einem Kreis mit dem Radius null. Schwere Gleichgewichtsstörungen sowie Verwirrtheit mit Gedächtnis- und Bewusstseinsstörungen setzen ein (*'Hat einer mal den Film von gestern? Meiner ist gerissen'*). Atmung und Blutkreislauf werden ab 2,5 Promille gestört.

Der Suchttrinker wähnt sich auch endlich in seinem Element und zeigt noch keine Ausfallerscheinungen, sondern gibt ortsfremden Touristen heiße Tips für die besten Plätze und wie man dort auf dem direktesten Wege hin findet – mit Chance bekommt er dafür einen Drink spendiert.

Stufe 5

Im Lähmungsstadium angelangt (ab 3,0 Promille bis 5,0) wird es unangenehm. Neben schwacher Atmung bis Atemnot, Gedächtnisverlust und fehlender Reflexe gibt es frontal ein mit der Keule: Bewusstlosigkeit. Im Winter draußen zu zechen rächt sich hier: Der Körper kühlt aus, der Tod durch Erfrieren ist die Folge.

Suchttrinker und Quartalssäufer sitzen mit hinter

3,0 Promille vor dem örtlichen Discounter und prosten sich gegenseitig auf alte Zeiten zu: Commander und Kapitän trinken angesäuselt auf den Sieg.
Ab 4,0 Promille rauscht der Proband ins Koma, manch Schließmuskel quittiert den Dienst mit unschönen Folgen. Lähmungen kommen dazu, auch die des Zwerchfells, was unweigerlich zum Atemstillstand führt. Hier angekommen, braucht man sich keine Gedanken mehr um seine Rente machen.
Auf der Entgiftungsstation wird dem altbekannten Neuzugang mit 4,8 Promille ein lockeres „Na, war wohl n bisschen viel heute, wa?" zu geraunt, was dieser etwas benommen mit einem Schulterzucken quittiert.

Weitere Abstufungen sind in den meisten Studien nicht vorgesehen und auch in der Regel nicht nötig, da ab 3,0 Promille bereits der Tod eintreten kann. Ebenfalls sagen diese Studien aus, dass ab 4,0 Promille der sichere Tod eintritt – bei Otto-normal eben, von denen nur die wenigsten so weit gekommen sein dürften und hoffentlich einfach nur ihren Rausch ausschlafen.

Wenn bei einer allgemeinen Verkehrskontrolle zufällig ein osteuropäischer LKW Fahrer mit rekordverdächtigen 7,6 Promille ins Netz geht, ohne [:sic!] Schlangenlinien gefahren zu sein: 3 Flaschen von Tovarishch dedushka's selbst gebranntem 'Stalins letzte Rache' sind halt erforderlicher Betriebsdruck, sonst springt das Resthirn gar nicht erst an. Nützt ja alles nichts! – Irgendwie muss man schließlich die drei Tage ohne Pause am Steuer mit 24to Gefahrgut auf einem schrottreifen Auflieger erträglich gestalten.

Diskussionen mit den Kontrollorganen gelten in so einem Moment übrigens völlig zu Recht als sinnentleert.

Schon genug davon? Kaum vorstellbar – mit großen Schritten geht es auf der nächsten Seite konsequent in die Abhängigkeit.

V. Abhängigkeit – die Logik

Diagnostisches

Glückwunsch, es ist vollbracht: Endlich abhängig! Eine stoffgebundene Abhängigkeit ergibt sich aus den folgenden Faktoren:
Den physischen Entzugserscheinungen, dem Kontrollverlust beim Konsum selbst, das stetige und übermächtig starke Verlangen nach Alkoholika, Toleranzentwicklung, Zentralisierung des Denkens auf Alkohol und dem Bewusstsein über Folgeschäden bei gleichzeitig fortgesetztem Konsum.
Von diesen sechs Faktoren müssen innerhalb der letzten 12 Monate mindestens drei gleichzeitig vorhanden sein, um die Diagnose der Abhängigkeit zu stellen.

Eigene Einschätzung

Im Bezug auf Alkohol hat diese viele Namen: Trunksucht, Alkoholismus, Alkoholsucht, Alkoholabhängigkeit oder die interessante Benennung der Alkoholkonsumstörung. Wer sich intellektuell geben möchte, nennt diese dann Äthylismus, Dispomanie oder Potomanie. Oder Alkoholabusus, für die Hobbymediziner unter uns.
Entsprechend variiert auch die Bezeichnung der betroffenen Personen: Trunkenbold, Alkoholiker, Schnapsdrossel, Alki, Süchtiger usw.
Spannend wird es, wenn man sich die Leute in Vorstellungsrunde, etwa einer Selbsthilfegruppe oder

Gruppentherapie in einer Klinik anhört: Die Palette reicht vom klassischem „Ich bin Alkoholiker", „Hier wegen Alkoholabhängigkeit" über die runter spielenden Darstellungen á la „Ich habe ein Alkoholproblem" oder „Hier wegen Alk" / „Hier wegen Alkohol" bis zu „Bin Polytox, und aktuell wegen Alc hier", „Hab Polytoximanie, alles andere ist erschlagen, jetzt geht es nur noch um den Alc".
Die ersten beiden Aussagen während der Runde sind klar und gerade aus. Dem ist nichts hinzuzufügen.
Mit der Aussage „Ich habe ein Alkoholproblem" ist zumindest fragwürdig, ob der Platz für zehntausende Euros in so einem klinischen Durchlauf gerechtfertigt ist, oder ob die ganze Kiste runter gespielt wird. Über das Level eines Problemtrinkers sind die Menschen hier normalerweise lange hinaus und wünschen sich eher diese jenen vergleichsweise unbeschwerten Zeiten zurück. Das „Hier wegen Alk" / „Hier wegen Alkohol" klingt wahlweise wie das Vorstellen auf einem studentischen Abschlussball, die Antwort auf die Frage vom Personal des Kaufhauses, ob man behilflich sein könne -oder als wäre der Alk irgendwie etwas niedliches.
Und der Polytoxe redet mit seiner Aussage um den heißen Brei herum. Streng genommen ist selbst die Kombination aus Alkohol und Nikotin bereits Polytoximanie. Und wer vor oder nach Selbsthilfegruppen bzw. Therapieeinheiten einen Blick in die Raucherecken wirft, sieht Polytoxe so weit das Auge reicht. Dies ist dem Polytoxen aber oftmals nicht bewusst, sondern er gibt sich verharmlosend.

  Abhängigkeit - die Logik

Kämpferisch und zuversichtlich, dass er seine Heroin- und Benzodiazipin- Abhängigkeit bereits im Griff hat und Alkohol ja nur ein Drittel seiner Probleme ist, jedoch eben zwei Drittel schon gelöst sind. Hier wird runter gespielt, dass derjenige das Gleiche mit bringt, wie alle Anderen. Natürlich gibt es auch tatsächlich Polytoxe, die mit aktuellem Mehrfachkonsum dann sagen: „Ich bin hier wegen Abhängigkeit von Alkohol und Marihuana".
Wie man es nun auch dreht und wendet, welchen Namen man dem Kind verpasst. Sorry Leute, wir sind alles Abhängige, bums aus Micky Maus. Aber das Beschwichtigen ist eben auch ein ganz elementarer Bestandteil der Sucht, Alkoholiker sind Meister der Lügen und des Selbstbetrugs.

Der Vergleich zur Spielsucht beispielsweise lässt sich wie folgt ziehen:
Ein Spielsüchtiger wird von hupenden und leuchtenden Automaten angezogen, und jagt seinen hohen Verlusten hinterher. In der Hoffnung, diese wieder rein zu bekommen, werden weitere Summen investiert, das verlorene Geld nicht abgeschrieben.
Das versteht der Alkoholiker beim besten Willen nicht:
Der Alkoholiker jagt dem nächsten Rausch oder wenigstens dem Ausbleiben von Entzugserscheinungen hinterher, indem er Alkohol in sich rein kippt. Das investierte Geld spielt keine Rolle mehr, es ist eh weg und abgeschrieben.
Das wiederum versteht der Spielsüchtige nicht.

Ursachen

Die früheren Behandlungsmethoden jedenfalls hatten mit den Erklärungsversuchen & Typmodellen des Alkoholismus eines gemeinsam: Sie kamen nicht weiter und nichts wollte so recht passen. Weder hatten die vorsintflutlichen Brachialmethoden der Trinkerheilanstalten nachhaltig Erfolg, noch ließ sich die Abhängigkeit in irgendwelche stereotypischen Schubladen quetschen. Und manch Forscher wandte sich entnervt von den Studienobjekten ab, weil sich einfach keine noch so hoch gelobte These universell anwenden ließ.

Die moderne Forschung ist erheblich weiter und erkannte, dass es Faktoren gibt, die vorab das Entstehen einer Abhängigkeit begünstigen. Genetisch, sozial und psychisch.

Genetisches
Die Vererbungen finden sich fast ausschließlich bei der Folge von Vater zu Sohn:
Die Forschung geht mittlerweile davon aus, das die genetische Veranlagung zu 40-60% die Alkoholabhängigkeit beeinflusst. Damit ist der angeborene Unterschied der Abbaukapazität der Leber gemeint. Wird nun eine höhere Verträglichkeit vererbt, kann dies eine Sucht begünstigen. Dazu kommt, dass die unerwünschten Nachwirkungen bei Söhnen von Alkoholikern erst bei einer deutlich höheren Dosis eintreten, als bei den Nachkommen anderer Menschen. Damit es zu einer Abhängigkeit kommt,

   Abhängigkeit - die Logik

muss der Konsum allerdings auch über einen sehr langen Zeitraum kontinuierlich fort gesetzt werden, was wiederum nicht vererbbar ist. Dreiviertel aller Männer mit alkoholabhängigen Vorfahren werden nicht abhängig.

Ebenfalls kann der genetisch bedingte Mangel von Dopamin ein Faktor sein. Dopamin wird beim Konsum in erhöhter Menge freigesetzt.

Die Vater-Sohn-Folge erklärt darüber hinaus auch den chronischen Mangel an dem Botenstoff Frau *(Wenn Sie jetzt „besoffene Frau" gelesen haben, dann war der Vater Wunsch des Gedanken)* in den entsprechenden Kliniken. Aber das ist ein anderes Thema, womit wir bei der sozialen Komponente wären:

Soziales

Wie bereits ganz am Anfang erwähnt, ist die gesellschaftliche Entwicklung und der kulturelle Hintergrund ein beeinflussender Faktor. Hierzulande wird von einem echten Kerl erwartet, dass er 'nen ordentlichen Stiefel verträgt beim Saufen; Und je weiter er sich Richtung Sucht entwickelt, desto mehr passt rein. Die Anerkennung steigt, auch selbst dann, wenn er zugeballert umfällt.

Auch ist permanenter Leistungsdruck im Berufsleben ein erhöhender Faktor.

Das Elternhaus spielt eine entscheidende Rolle: Kinder von süchtigen Eltern haben eher den Hang, selber eine Sucht zu entwickeln. Auch kann das Aufwachsen mit der Gewalt, ob psychisch, physisch oder sexuell, eine Rolle spielen.

Der erste Kontakt mit Alkohol findet bereits in der Kindheit statt, wenn z.B. der Vater von der Arbeit kommt und erst mal ein Feierabend-Bier braucht. Oder auch mehr als eins. Der Wechsel vom gestressten zum beruhigten und redseligen Vater wird assoziiert mit der Medizin Bier. Oder Familienfeier, wo alle nach ein paar Sekt und Wein angeschwipst und lustig sind. Auffällig hierbei ist, dass der Konsum der Mutter einprägsamer wirkt, als die des Vaters. Dies wird damit in Verbindung gebracht, dass die Mutter in ihrer Rolle als primär Erziehende einen deutlich größeren Bezug für das Kind darstellt.

Psychologisches
Wir sind lernfähig, unter anderem darüber definieren wir uns. Und wir lernen, dass uns Alkohol zunächst einmal gut tut. Wir erleben Glücksgefühle, werden entspannt und kontaktfreudiger, oder lassen uns Angst und Anspannung, Stress und Ärger nehmen 'Festplatte formatieren, Woche war stressig'.
Gar nicht mal beim Steigern der fröhlichen oder neutralen, sondern hauptsächlich beim Aufwerten der negativen Ausgangslage liegt die Gefahr: Bei ständiger Aufwertung steigt die Wahrscheinlichkeit einer Suchtentwicklung, die ihrerseits negative Gefühle am Tag danach erzeugt, welche abermals überschrieben werden sollen.
Weiterhin gilt neben der hohen Verfügbarkeit der soziale Druck, also das Milieu, eine Rolle. Wenn mittrinken als chic gilt, denn lassen wir uns nicht lumpen. Auch wenn der Erstkonsum sehr oft mit ne-

    Abhängigkeit - die Logik

gativen Folgen behaftet war, wie Erbrechen, verbleibt man in seinem Milieu und es folgen weitere Kontakte mit Alkohol.

Das zu den vergleichsweise greifbaren Faktoren der Abhängigkeit. Kommen Sie doch mal mit ins Gehirn – wir gucken mal bei der Arbeit da oben zu.

VI. Abhängigkeit – im Gehirn

Licht an!

Wenn wir von einer Sucht sprechen, dann sprechen wir unter dem Strich von einem Vorgang, der sich kurz über dem Hals, zwischen unseren beiden Ohren abspielt: Im Gehirn. Kommt selbiges durch den Alkoholkonsum erst einmal richtig in Wallung, denn geht's rund und – na klar – natürlich darf es gerne ein bisschen mehr sein. Aber was passiert denn nun überhaupt in unserem Hauptrechner?
Wir besitzen, wie die meisten Wirbeltiere, ein Belohnungssystem. Dies kann z.B. auf ein gutes Essen oder prima Sex dann so reagieren:
Tief in unserem Prosencephalon sitzt der Nucleus accumbens, welcher durch das vom ventralem Tegmentum gesendetem Dopamin stimuliert wird und diese Erregungspotentiale an andere Gehirnregionen weiterleitet, welche daraufhin ihrerseits positiv stimuliert werden.
Auf Deutsch: Beißen wir in ein saftiges Steak, schickt irgendwas im Mittelhirn eine bestimmte Menge eines Botenstoffes zu so einem kleinen Knubbel im Vorderhirn, welcher dadurch zusätzlich das rosarote Licht im Rest vom Hirn einschaltet.
Dieses Belohnungssystem kann auch als Motivationssystem verstanden werden, eine bestimmte Sache zu tun.

Man hat bereits vor mehreren Jahrzehnten in einer Studie die direkte Beteiligung des Dopamin Systems an der Entstehung einer Sucht an Laborratten untersucht und bestätigt bekommen. So waren in den Käfigen der Ratten drei verschiedene Vorrichtungen installiert, die auf deren Auslösung wahlweise Heroin oder eine Kochsalzlösung injizierte, oder Nahrung bereit stellte. Im Verlauf ließen sich die gesunden Ratten immer häufiger Heroin injizieren, bis sie letztlich nicht mal mehr Nahrung aufnahmen und eingingen. Ratten mit einer Schädigung im Nucleus accumbens wurden nicht süchtig. Waren dort aber nur die Zellen geschädigt, die ohnehin nichts mit Dopamin zu tun hatten, wurden die Tiere wiederum abhängig.

Dieses System ist in der Entwicklungsgeschichte des Gehirns ein altes System, wo es auf die Stimulation lebenswichtiger Funktionen wie Essen oder Fortpflanzung ankommt.

Da oben geht's rund

Wie gesagt, wir sind lernfähig. So hat der Mensch es gelernt, den Weg abzukürzen: Wir rauchen allerlei Dinge, wie Zigaretten, Cannabis oder Crack, Trinken Alkohol oder pfeifen uns Kokain durch die Nase rein, jagen Heroin direkt per Spritze in die Blutbahn. Alle diese Substanzen haben unterschiedliche Wirkungsmechanismen:
Crack-Moleküle z.B. gelten als die Roten Khmer unter den Drogen-Molekülen: Sie dringen überfallartig ins Gehirn ein, und erschießen dort alles, was sich bewegt. Das überträgt sich blöderweise auch

manchmal auf den Konsumenten: Dieser dringt auch irgendwo überfallartig ein und erschießt alles, was sich bewegt.

Softer kommt beispielsweise dessen Grundsubstanz Kokain selbst daher. Man muss das Pulver wie ein hochdosiertes Antidepressiva aus der Gruppe der DRI (Dopamin Reuptake Inhibitor) mit unmittelbarer Wirkung begreifen. Als selektiver Wiederaufnahmehemmer bremst Koks das Transportsystem von Dopamin, womit sich im synaptischen Spalt eine erhöhte Ansammlung von Dopamin bildet, so dass die Rezeptoren des Nucleus accumbens länger und stärker stimuliert werden. Und das um ein vielfaches, sie sind im Vergleich zu dem oben erwähnten Steak ein ziemlich effektiver Motivator. Und genau diese Folgewirkung haben alle Substanzen, auf welchem Weg auch immer. Weiterhin kommt zu einer Abhängigkeit dazu, dass die auf das Dopaminsystem stimulierende Wirkung als angenehm empfunden wird und der Konsument den Reiz, welcher die verstärkte Ausschüttung von Dopamin verursacht hat, immer wieder und häufiger suchen wird.

Die meisten psychotropen Substanzen greifen dazu nur in ein einziges Transmittersystem ein. Alkohol allerdings ist ein kleines, multitalentiertes Arschloch und unser Gehirn (über-) reguliert sich selbst, indem es immer dabei ist, seinen Gleichgewichtszustand aufrecht zu erhalten. Der Fachmann nennt so was Homöostase.

So beeinflusst Alkohol die Rezeptoren GABA-A und

NMDA:

Für die hemmende Wirkung zuständig ist der GABA-A, der Prinz Valium unter den Rezeptoren. Da klemmt sich Alkohol als erstes dran und verstärkt die Sedierung. In der Folge werden die GABA-A Rezeptoren vom Hirn verringert, um gegen die ständige Sedierung anzugehen. Der Konsument verträgt mehr, weil er erst später besoffen aus den Latschen kippt. Das nennt man dann Toleranzentwicklung.

Der GABA Rezeptor ist ein beliebter noch dazu: Umgarnen tun diesen übrigens auch die Benzodiazipine. Durch die vorhandene Toleranz gegenüber Alkohol ist der Konsument auch sehr verträglich für diese – und wird schneller abhängig davon.

Gleichzeitig blockiert Alkohol die Übertragung zum NMDA Rezeptor, welcher als Gegenspieler vom GABA-A für die Erregung zuständig ist. Das Hirn steuert hier anders herum gegen: Es erhöht die Anzahl der Rezeptoren, um die glutenen Botenstoffe besser aufnehmen zu können.

An sich eine vernünftige Sache, dass unser Gehirn hier ein paar Pipelines ausbaut, um diese woanders wieder dran zu schrauben. So lange genug Alkohol durch die Blut-Hirn-Schranke rauscht, ist auch alles buchstäblich im Lot. Zumindest neurochemisch betrachtet.

Aber wehe, die Zufuhr wird unterbrochen! Denn flippt die Britzel völlig aus:

Im Entzug dereguliert der Alkohol schlagartig nicht mehr das, was das Gehirn aber immer noch gegen-

    Abhängigkeit - im Gehirn

reguliert. Als Folge wird der nun frei verfügbare Botenstoff Glutamat von der Überzahl durstiger NMDA-Rezeptoren in Windeseile weg genuckelt, weswegen das Hirn in einen viel zu hohen Erregungszustand versetzt wird. Gleichzeitig kann die verminderte Anzahl an GABA-A Rezeptoren nur eine geringere Menge der sedierenden Transmitter GABA aufnehmen, womit sich das Gleichgewicht zwischen Erregung und Sedierung weiter verschiebt. Im schlimmsten Fall sind Krampfanfälle durch die Überstimulation der Muskulatur die Folge. Aber auch andere körperliche Entzugserscheinungen haben hier ihren Ursprung.

Schiffsfriedhof

Zur Versinnbildlichung: Stellen Sie sich eine Fähre in einem Nordseehafen vor. Alles mögliche an kleinen KFZ wird an die Backbord Seite verladen. Nun kommt ein Schwertransport mit 350 Tonnen Gewicht, und wird langsam auf die Steuerbord Seite eingelassen, während das Personal die Ballasttanks von Steuer- nach Backbord Seite umpumpt, damit das Schiff gerade und somit auf hoher See stabil steht. Das Schiff liegt nun gesund, also los geht's – ab nach England. Jetzt kommt da irgend so'n verpeilter Hinnerk auf LSD mitten in der Nacht an geflitzt, reißt in seinem Wahn die achterne Ladeluke auf, und heizt mit dem 350 Tonnen Gefährt rückwärts in die dunkle See und verschwindet blubbernd in den Fluten. Was passiert? Richtig, das Schiff bekommt massive Schlagseite, die restlichen

Autos rutschen zusammen, wodurch die Schlagseite noch weiter verschlimmert wird. Bis mitten in der Nacht die Ballasttanks umgepumpt werden können, ist durch die offene Luke genug Seewasser eingedrungen, damit diese Nordseegarage eine bedrohliche Schräglage bekommt – den Krampfanfall. Abhängig von der Verfügbarkeit können jetzt noch Notfallmaßnahmen eingeleitet werden, anderenfalls leistet der Kahn dem Schwertransport auf dem Grund der Nordsee bald blubbernd Gesellschaft.

Neben GABA-A und NMDA hatten wir bereits über Dopamin gesprochen. Weiterhin stehen Serotonin und Noradrenalin auf der to-Do-Liste vom Alkohol, was jetzt den Rahmen sprengen und eine eigene Multisite zum Thema Gehirn rechtfertigen würde. *Wir arbeiten dran*. Durch den kompromittierenden Einsatz von Suchtmitteln an den Bits und Bytes unseres Gehirns kann man von einer Erkrankung des Gehirns sprechen.

> *In diesem Sinne – wir sind krank! Doch sind wir wirklich so krank? Das sollten wir uns einmal genauer ansehen.*

VII. Krankheit Alkoholsucht

Der lange Weg

Um den Begriff der Alkoholkrankheit zu zerlegen, schauen wir uns zunächst einmal die Entwicklung der Begrifflichkeit und ein wenig mehr an:

Bereits im Jahr 1788 beschrieb der schottische Arzt T. Trotter: *„Die Begierde nach häufiger Trunkenheit ist eine durch die chemische Natur der alkoholischen Getränke hervorgerufene Krankheit.“*
Es sollte noch 180 Jahre dauern, bis die Alkoholabhängigkeit erst 1968 als Krankheit eingestuft und anerkannt wurde.
Den pathologischen Verlauf des Alkoholismus hat Jellinek 1960 in seinem Buch *'Disease concept of alcoholism'* beschrieben, dem bis heute verwendeten Standard. Er war hierzu durch seine enge Zusammenarbeit mit der Selbsthilfegruppe der Anonymen Alkoholiker inspiriert. Die Anonymen Alkoholiker gründeten sich im Jahr 1935 in den USA, also relativ kurz nach dem Ende der Prohibition. Die heutige weltweite Verbreitung, sowie unzählige weitere Selbsthilfegruppen mit einem ähnlichen Konzept, gibt dem Erfolg dieses Modells recht.

Reflexion

So weit, so gut. Nun stellen Sie mal 10 x-beliebige trocken gelegte Alkoholiker mit gesicherter Diagnose dessen nebeneinander und fragen diese der

Reihe nach, ob diese sich krank fühlen oder meinen krank zu sein. Die Reaktionen dürften ernüchternd sein:

Neben einem einfachen „Nein" kommen Antworten wie „aktuell nicht, aber wenn das so weiter geht, sind die Folge Erkrankungen wie Leberschäden", „Im Grunde schon, aber", „Eigentlich ist es eine Definitionsfrage", „Temporäre Verhaltensstörung".

Diese Antworten sind völlig normal. Das ‚Aber / Eigentlich' relativiert und schränkt ein, ein ‚Nein / wenn so weiter' schließt ganz aus, und das temporäre ist ja schon per se nur vorübergehend – aber bis wann?

Und sofern man nicht gerade völlig breit in der Gegend rum torkelt oder liegt, fällt die Erkrankung auch nicht weiter oder unangenehm auf.

Per Definition sind Alkoholabhängige also krank; Doch das erzählen sie nicht gerade gerne und schon gar nicht auf Partys. Stellen Sie sich die gerümpften Nasen, zurückweichenden Minen oder das verständnislose Lächeln vor.

Und selbst im Vergleich zu manch anderen Abhängigkeiten zieht der Alkoholiker hier die Arschkarte: Morgens um neun vor der Tür des örtlichen Discounters eine zu Rauchen fällt niemandem sonderlich auf, außer den militanten Nichtrauchern. Was aber, wenn sie dort zeitgleich ihre Dose Bier runter würgen? Normal ist anders.

Klar können einige, zusammen mit Anderen, auf Partys über ihre eigene Blödheit lachen, wenn Sie letzte Woche besoffen vom Rad gefallen sind und seitdem den Arm in Gips haben. Vermutlich wird die lustige Runde auf dem Gips lachend unterschreiben wollen, der Gastgeber holt ne Packung bunter Stifte und klopft ihnen schmunzelnd auf die Schulter „Wird schon, Alter! Bist ja hart im nehmen". Anschließend bringt man ihnen ein frisch gezapftes. Stellen Sie sich mal daneben, und versuchen mit den Anderen über ihre eigene Blödheit zu lachen, weil sie gerade aus dem Krankenhaus gekommen sind und ihnen infolge ihrer Leberzirrhose ne Oesophagus Varize weg geballert ist und sie Blut gekotzt haben wie ein Großer. Das Lachen dürfte schlagartig vorbei sein, und ihnen bringt keiner was - ausser evtl. direkt ihre Jacke. Sie Spaßbremse haben erst fast sich selbst und grad die Stimmung gekillt. Sechs, setzen!

Verständnisfrage

Differenzieren muss man akute und chronische Erkrankungen. Der gebrochene Arm ist behandelbar (= Gips), die Alkoholabhängigkeit nicht – diese ist nur beeinflussbar. Mit dem gebrochenen Arm können sie in nicht all zu weiter Ferne wieder Squash spielen. Von der Suchterkrankung haben Sie den Rest ihres Lebens etwas. Man kann Prophylaxe betreiben und die einzelnen Symptome bekämpfen, aber nicht abstellen und heilen.

Die Krankheit ist in der gesellschaftlichen Achtung ganz weit unten, regelrecht geächtet, wie einige an-

dere chronische Erkrankungen. Aber die Sucht ist eben ganz weit vorne bzw. unten. In den Köpfen der Gesellschaft assoziiert sich mit dem Dauersuff das Bild von Hauptbahnhöfen und finsteren Parks, wo die Menschen reihenweise breit herum liegen. Das sind in den meisten Köpfen die Alkoholiker.
Psychotische Mitmenschen sind für die normal tickende Bevölkerung auch nicht gerade das Wunsch-Gegenüber im Zug, nur sieht man es diesen nicht unbedingt an. Aber wer ist schon normal. Schon sind wir wieder bei der Definitionsfrage.
Und es fehlt an Verständnis in der breiten Bevölkerung, denen, die nicht zu den rund 10% der Abhängigen gehören. Wie sollte man es auch verstehen, wenn man nach einem Glas Wein ohne Probleme aufhören kann zu trinken – während der Alkoholiker vom nächstbesten Weinregal angebrüllt wird „Kooom zu mir, maaaach mich leeeeeer, ich werde immer für dich da sein!"
Das ist eben nicht nachvollziehbar für Menschen, die ein normales Trinkverhalten gewohnt sind und keine Abhängigkeit entwickelt haben.

Immerhin sorgt die Anerkennung durch das Gesundheitswesen dafür, dass die Kosten für Entgiftungen und Langzeittherapien von den sozialen Sicherungssystemen übernommen werden und es entsprechende Einrichtungen überhaupt gibt. Aber das eigene Eingeständnis, dass man eben krank ist dazu auch noch chronisch, fällt wenigstens schwer. Zumal die neurologische Medizin eine recht junge Disziplin gegenüber der Chirurgie oder Internistik

   Krankheit Alkoholsucht

ist und somit noch ganz viele Unbekannte in der Gleichung namens Gehirn rum schwirren, die erst in den nächsten Jahrzehnten aufgeschlüsselt werden. Eventuell gibt es irgendwann die Wunderpille, von der viele Alkoholkranke träumen – dem pharmazeutischen Reset-Schalter.

> *Mit dem Wissen im Kopf, genau dort doch irgendwie krank zu sein: Was folgt?*

VIII. Die Folgen

Gesellschaftliches

Unter dem Strich hat sich der Alkoholkonsum längst zu einem gesellschaftlichen Problem mit weitreichenden sozialen Folgen entwickelt; Oder man denke nur an die beträchtlichen finanziellen Folgen für das Gesundheitssystem hierzulande von z.Zt. *geschätzten 40 Milliarden Euro, (das ist eine Zahl mit 10 Nullen) pro Jahr.*
Die Steuereinnahmen durch Alkohol lassen sich mit rund 3,2 Milliarden auf einen Bruchteil dessen beziffern. Rein buchhalterisch liegt also bereits mindestens eine Insolvenzverschleppung vor, welche durch die zuständigen Organe toleriert wird. Allerdings hängen ja auch zehntausende Arbeitsplätze an den Umsätzen der Alkoholindustrie *(von 20,7 Mrd. in 2010 über 23,8 Mrd. in 2017 bis zu prognostizierten rund 25 Mrd. in 2020 – das entspricht einem Wachstum von 20% in zehn Jahren).* Da ist die Toleranzentwicklung der Verantwortlichen gegenüber den o.g. Folgeschäden eben gleich der eines Alkoholikers gegenüber seinem Stoff. Je mehr rein kommt, desto weniger juckt mich das.

Gedankenloser Konsum folgt dann oftmals dem typischen Weg über Missbrauch, Abhängigkeit bis final zum alkoholbedingten vorzeitigen Ableben. Denn längst nicht jedem gelingt der verantwortungsvolle und sozialverträgliche Umgang mit dieser Droge. Individuell scheint es unterschiedliche

Anfälligkeiten für Alkoholismus zu geben.

Berauschte Eile

Der Alkohol selbst löst zwar den Rausch aus und schadet auch in nicht unerheblicher Weise dem Körper. Allerdings wird in der Leber aus dem Ethanol *(= unser trink-Alkohol, andere Arten werden hier nicht aufgegriffen)* das Zwischenprodukt Acetaldehyd erzeugt. Und genau dieses ist hochgiftig und sorgt für erheblich mehr Schaden, als der Alkohol selber. Und je mehr Alkohol getrunken und somit verstoffwechselt wird, mit desto mehr Acetaldehyd muss sich logischerweise der Körper herumschlagen.
Letztlich wird es zu der weit weniger schädlichen Essigsäure verstoffwechselt um, nach einem weiterem Prozess in Wasser und Kohlendioxid zerlegt, aus dem Körper ausgeschieden zu werden.
Damit wird also auch das als unbedenklich geltende Glas Rotwein im ersten Schritt zu einem giftigen Zwischenprodukt, welches Schaden anrichtet.

„Bei Alkohol macht eben nicht die Menge das Gift!"
– Nüchterne Feststellung

Sicherlich ist es ein Unterschied, ob täglich ein Glas Rotwein oder drei Flaschen Wodka getrunken werden. Das Prinzip bleibt jedoch das gleiche. Sofern die Organe im Rahmen ihrer Konstruktions- und Langzeit- Funktionsparameter betrieben werden, ist wenig zu befürchten.

 Die Folgen

Die natürliche Evolution ist hier einfach nicht so schnell wie die gesellschaftliche Entwicklung des modernen Menschen *(Gut Ding braucht Weile - siehe Kapitel 1: Asien. Nur wir haben das wieder zu eilig!)*. Unser Bauplan gibt nicht das her, was wir gerne hätten. Mag sein, dass es in der Erbfolge des homo erectus und homo sapiens eines Tages den homo zivilisatus evolutionär hervorbringt. Der Kamerad ist denn von Haus aus bestückt mit Genen gegen Übergewicht und Depressionen, einem Rücken mit Bandscheiben aus unverwüstlichen Elastomeren und einem Mechanismus, der uns bei mehr als 1,8 Promille den Alkoholriegel vorschiebt, weil es einfach nicht mehr schmeckt. Für Wochen und Monate. Mit einem neuartigen Dreisatz-Enzym, welches Ethanol direkt in Wasser verwandelt und die Nieren diesen ohne großartigen Flüssigkeitsverlust ausscheiden. Bis dahin müssen wir jedoch noch ein wenig warten und uns den aktuellen Gegebenheiten beugen:

Malen nach Zahlen

Jedes Jahr stehen alleine in Deutschland ca. 74.000 Todesfälle direkt im Zusammenhang mit Alkohol. Diese werden durch Folgeerkrankungen oder akute Intoxikation *(= Vergiftung)* verursacht. Bei 13.403 Alkoholunfällen starben weitere 225 Menschen und 16.770 wurden zum Teil schwer verletzt. Hierzulande werden 32% aller Gewaltdelikte, 25% aller Morde sowie 17% der Suizide unter Alkoholeinfluss begangen.

Eine Unterteilung des auffälligen Trinkverhaltens wird nach der Deutschen Hauptstelle für Suchtfragen (= DHS) in ‚riskanter Konsum' (4,75 Mio.), ‚gefährlicher Konsum' (2,7 Mio.) und ‚Alkoholkrank' (1,77 Mio.) vorgenommen.

Diese Werte sind Minimalwerte, die auf Basis von Befragungen geschätzt werden. Verzerrt werden diese Zahlen laut DHS durch die Annahme, dass viele Befragten ihren Konsum nicht korrekt angeben, sondern nach unten korrigieren. Ferner ist davon auszugehen, dass gerade die letzte Gruppe der starken Trinker nicht unbedingt zu so einer Befragung erreichbar oder imstande ist.

Von den rund 1,77 Millionen Abhängigen hierzulande suchen sich ca. 10% professionelle Hilfe um aus der Sucht heraus zu finden. Nur 10-15% von diesen wiederum durchlaufen die erste Entgiftung auf Dauer erfolgreich, also ohne Rückfall in der Zukunft.

> *Wer bis hierhin gekommen ist, der kann auch die Entgiftung ab – also auf gehts!*

IX. Entgiftung – der Einstieg

Carpe diem!

Wer sich entscheidet, sein Leben auf suchtmittel-freie Beine zu stellen und neu auszurichten, für den steht zunächst einmal die Entgiftung an. Zu unterscheiden sind hierbei verschiedene Möglichkeiten: Zum Einen ist es der Eigen-Entzug, ohne ärztliche Unterstützung. Zum Anderen die klinische Entgiftung, die sowohl im ambulanten als auch im stationären Setting durchgeführt werden kann. Und es wird zwischen reinen Entgiftungen und dem sogenannten Qualifizierten Entzug unterschieden.

Vorab: Professionelle Hilfe ist dringend anzuraten. So genannter ‚Kalter Entzug' *(aus dem englischen = ‚cold turkey')* kann lebensbedrohliche Konsequenzen wie Krampfanfälle und Delirium auslösen, also widmen wir uns hier dem Klinikaufenthalt:
Erstentzügler sollten versuchen, auf alles gefasst zu sein. Wobei das natürlich leichter gesagt als getan ist. Abhängig von der Klinik findet man Stationen, die nur Alkohol entziehen – oder eben auch illegale Drogen.
Und gehören entweder zur internistischen oder psychiatrischen Abteilung. In diesem Mikrokosmos ist deutlich mehr vertreten, als die eigene Vorstellungskraft her gibt.

Der Schein trügt

Erfahrungsgemäß steckt leider in vielen Fällen kein ernsthafter Wille zu einer solchen Maßnahme dahinter, dies aus unterschiedlichen Beweggründen:

Da gibt es eben die, die nicht freiwillig in die Entgiftung gehen, sondern als Auflage *(gerichtliche Verfügung, Ärger mit der Staatsanwaltschaft, Haftaufschub etc.)* oder auch ganz klassisch auf Druck vom (Ehe-) Partner oder Arbeitgeber. Hier besteht zwar auch die Chance, dass die Entgiftung komplett durchlaufen wird, aber ein wirklicher Abstinenzwille sieht anders aus. Eine Rückfallquote zu mutmaßen wäre unfair, schließlich kann der ganze Prozess auch nachhaltig erfolgreich verlaufen. Andererseits werden auch Patienten/innen mit fortgeschrittenem Korsakow-Syndrom hier von ihren Verwandten regelrecht abgeladen, unwissend wo sie überhaupt sind oder was sie hier sollen. Oder warum sie auf einmal keinen Alkohol mehr trinken dürfen.

Eine weitere Gruppe der Unwilligen gesellt sich dazu, hier liegt die Wahrscheinlichkeit des Rückfalls allerdings bei nahezu 100%; Sogenannte ,Drehtürpatienten': Bevorzugt im Winter, aber auch in den übrigen Jahreszeiten, gehen diese in einer seltsam anmutenden Regelmäßigkeit in den entsprechenden Kliniken ein und aus.
Eine rein praktische Erwägung: Einmal den Alkohol aus dem Körper bekommen, weg von der Straße

und dem Milieu, rundum versorgt und körperlich aufgepeppelt werden. Dazu noch alte Bekannte von den letzten Entgiftungen auf Station treffen und diese bereits als ‚beste Freunde' bezeichnen. Und um dann nach Entrümpelung des Körpers relativ schnell wieder zur Flasche zu greifen.

Das soll jetzt auf keinen Fall bedeuten, dass sich auf solchen Stationen nicht tatsächlich gute und langjährige Kontakte oder gar richtige Freundschaften entwickeln können. Jedoch steht es unter einem anderen Vorzeichen, wenn sich diese Gruppe Patienten gegenseitig in die Arme fällt, beinahe jeden Therapeuten bereits duzt und sich freut, ‚endlich wieder zu Hause' zu sein.

Individualschaden

Der wohl deutlich größte Teil der Patienten auf solchen Stationen hat bereits erste konsumbedingte körperliche bzw. psychische Folgeschäden. Oder auch mehr als nur das.

Hier ist alles vertreten, was unser Glossar her gibt. Bei einigen mag das tatsächlich der Beweggrund gewesen sein, den Weg des abstinenten Lebens anzustreben und anzugehen. Anderen ist es schlichtweg egal, ob die Leberwerte darauf schließen lassen, dass die Fettleber sich on top entzündet hat und auf dem besten Weg zur Zirrhose ist oder die Hirnleistung mittlerweile zu wünschen übrig lässt; Die Beine nur noch eingeschränkt spürt oder der Blutdruck die Skala sprengt.

Und bei der Psyche ist im Einzelfall auch nicht mehr

nachvollziehbar, ob man wegen der Depressionen angefangen hat zu trinken, oder ob diese eben die Folge des jahrelangen Missbrauches sind. Was ja aber egal ist – neben der Sucht liegt eben ein Dachschaden vor, die eine F-Kennziffer mehr in den Entlassungspapieren macht den Kohl denn auch nicht mehr fett. Der Fachmann bezeichnet sowas als Komorbidität.

(Die F-Kennziffern sind nach ICD-10, also der international standardisierten Diagnoseschlüssel für Erkrankungen, die Kategorie für psychische Erkrankungen. Eine F10.2 stellt beispielsweise die Alkoholabhängigkeit dar, Anm. d. Red.)

Mit welchen Beweggründen, Motivationen und körperlichen bzw. psychischen Schäden und Prognose man auch immer den Weg in die Entgiftung gefunden hat, ist eben sehr individuell. Alle Faktoren haben allerdings eins gemeinsam: Sie können jeden treffen. Hier gesellen sich ehemalige Mitarbeiter aus dem Mittleren Management zu noch berufstätigen Maurern, Reinigungskräfte zu verrenteten alten Damen, verwahrloste Obdachlose zu LKW Fahrern ohne Führerschein und studierte Wirtschaftsexperten mit zehn Jahren Auslandserfahrung sowie mindestens drei Fremdsprachen im Kopf zu der attraktiven, blonden Bedienkraft eines Hotels, die mit der Diagnose Korsakow unterwegs ist und man fassungslos mit dem Kopf schütteln möchte, wenn sie anfängt zu sprechen. Mit ihren gerade mal 27 Jahren (!) eine wirklich schlechte Nachricht für sie. Aber die gute Nachricht: In abseh-

barer Zeit weiß sie davon eh nichts mehr.
Bedrückend? Ergreifend? Sofort und für alle Zeit die
Finger weg vom Alkohol? *Natürlich!*
Aber trösten Sie sich: Je mehr Durchgänge, desto
weniger tangiert Sie dieses Thema.

„Das hat echt was gebracht, ich bin geheilt!"
- Mitpatientin bei einer Entgiftung. Fortsetzung s. Rückfall

Gepäckmischung

Bei Wiederholungstätern finden sich zuweilen diverse Mitbringsel im Gepäck, die nach Art und Umfang in etwa auf die aktuelle Durchgangs-Nr schließen lassen. Als erstes und wahrlich unverzichtbares Mittel gilt Gehörschutz. Sicherlich auch eine gute Methode, um den Mist, den manch einer von sich gibt, nicht hören zu müssen. In der Hauptsache aber zur Förderung des Schlafes, denn der wird hier garantiert zu kurz kommen. Die meisten chemischen Schlafmittel, die man nehmen darf (z.B. Doxepin) bringen nichts, weil das Hirn völlig übersättigt ist mit Downern. Und die, die was bringen, darf man nicht wegen der Komplikationen. Und die Tees, die der Ausgabenkontrolle durch das Personal unterliegen (Schlaf- oder Beruhigungstees) schmecken nach alten Socken und helfen erst recht nicht. Schlafentzug gehört zum Substanzentzug dazu. Und wer glaubt, er wisse, was Schnarchen bedeutet, der solle sich mal eine Nacht im Vierbett-Zimmer von frisch Entzügigen gönnen. Ohne Gehörschutz.

Weiter im Gepäck gibt es denn kleine Nachttisch-
lampen von einem x-beliebigen schwedischen Mö-
belhaus. Zum anklemmen, mit gerade so genug
Licht zum Lesen, um in eben den benannten schlaf-
losen Nächten für sich alleine die Gesamtwerke von
Rainer Werner Fassbinder *(Teilzeit-Pseudo: Franz
Walsch, Anm. d. Red)* zu lesen, oder, je nach
Durchgangs-Nr, auswendig zu lernen. Wirklich Interessierte beschäftigen sich übrigens ganz neben-
bei auch mit dem Grund für dessen sehr frühes
Ableben. Könnte richtungsweisend sein – in welche
Richtung liegt an jedem selbst.
Löslicher Kaffee oder Tee gehört dazu – Heißwas-
ser findet man schließlich immer irgendwo. Mit dem
Kaffeekonsum aber bitte nicht übertreiben: Das
Personal ist regelmäßig not amused, wenn man
trotz einer gepfefferten Ladung Benzos im Kopf be-
reits am ersten Tag herum hüpft, wie ein zugekoks-
ter Rapper um eine brennende Mülltonne; Dies
kann unter Umständen zu einer recht spontanen
Einladung durch den zuständigen Suchttherapeu-
ten nebst anschließender Urinkontrolle führen.
Kann man sich beides schenken, sofern man sich
an bestimmte Regeln hält.
Raucherutensilien für vier Tage aufgrund des quasi
Hausarrestes der ersten Zeit. Lakritze, Weingummis oder Schokolade für den gleichen Zeitraum,
Stichwort Suchtverlagerung.
Ein Stapel Kreuzworträtselhefte nebst einigen Ku-
gelschreibern runden denn die Mitbringsel ab. Die
ganz ausgebufften haben übrigens ein 3-4m langes
Kabel mit Micro-USB an ihrer Ladestation. Da erntet

man zuweilen schon mal nickenden Respekt für so viel Weitblick. Natürlich nur die billigste Variante überhaupt, was sich in den enorm trägen Ladezeiten niederschlägt. Aber: Egal welchen Sitzplatz man hat, es ist immer eine Steckdose in erreichbarer Nähe und das Risiko des Versagens des digitalen Kommunikationsknechtes aufgrund akuten Strommangels geht nahe Null. Überlebenswichtig!

Eine ganz blöde Idee ist es, so gar nichts dabei zu haben – aber auch das kommt vor. Selbst das Schnorren einer Zigarette könnte anstrengend werden. Und einen frisch trocken geschleuderten mit einer Fahne anzusprechen, endet für diesen womöglich direkt in einem Rückfall – oder für das Gegenüber mit einem blauen Auge. Oder beides.
Wenn man eben so gänzlich ohne die aufgelisteten Dinge da steht und die Station noch nicht verlassen darf, kann man aus sicherer Distanz fragen, ob einem ein Mitpatient etwas mit bringen kann aus der hinter der Tür beginnenden Freiheit.
In der Regel wird er sich gerne dazu bereit erklären, nur ist auch hierbei Vorsicht geboten: Abrechnung und Bezahlung möglichst erst bei Erhalt der Ware. Wer den Fehler macht, zu viel Vertrauen vorzuschießen, der ist unter Umständen sein Geld los. Woher soll man, dazu noch mit Restalkohol in der Blutbahn, so schnell jeden Patienten kennen? Den 50er kann man soeben nebst Bestellung vertrauensvoll einem Besucher, der Reinigungskraft, einem Handwerker oder einem verirrten Patienten der Chirurgie in die Hand gedrückt haben, welcher

damit – auf nimmer Wiedersehen – über alle
Berge verschwindet.

X. Entgiftung – der Ausstieg

Von unbunten Pillen

Im Rahmen der Entgiftung wird jedenfalls mittels substituierender (Ersatz-) Medikation der Körper zunächst auf ein Medikament umgestellt, welches die Entzugserscheinungen weitestgehend unterdrückt oder lindert. Setzt man die Mittel zu schnell bzw abrupt ab, kann es zu dem gefürchteten Rebound-Effekt kommen, bei dem die Entzugssymptome dann erheblich heftiger auftreten – und der Patient erst recht die Wände hoch geht.
Daher wird diese Medikation im Verlauf des Entzuges langsam immer weiter reduziert, bis auch diese schlussendlich nicht mehr notwendig ist, was als ausschleichen oder auch abdosieren bezeichnet wird. Im Grunde wird der Alkohol durch den heutigen Stand der Medizin recht sanft entzogen.

Dies sah vor einiger Zeit noch etwas anders aus, als man die Abhängigen in den Trinkerheilanstalten schlichtweg mit ihren Entzugserscheinungen sich selbst überließ. Aber das Mittelalter ist ja zum Glück vorüber und so können wir uns heutigen Fragestellungen zuwenden:

Meistens stellt sich die Frage zwischen synthetischem Alkohol (= Distraneurin) oder einem Benzodiazipin aus der Gruppe der Tranquilizer, häufig Oxazeparm. Der Kenner bedient sich hier der Abkürzungen Distra und Benzos.

So gaukelt Distra dem Gehirn vor, es käme richtiger Alkohol. Davon bereits alarmiert, verstoffwechselt die Leber das Distra mitunter viel zu schnell, so dass die Illusion nicht lange genug aufrecht erhalten werden kann. Dies tritt insbesondere mit hoch aktiviertem MEO System und / oder zig aufeinander folgenden Entzügen mit Distra auf. Das Präparat schlägt ebenfalls ziemlich auf die Leber, weshalb am Anfang des Entzuges maximal alle drei Stunden nachgelegt werden darf. Erfolgt der Abbau zu schnell, wird man bereits nach 90 Minuten wieder affig. Allerdings ist dieser Stoff auch schnell wieder aus dem Körper ausgeschieden.

Benzos haben einen anderen Wirkungsmechanismus: Als ‚Downer' verstärken Benzos wie auch Alkohol die dämpfende Wirkung des GABA Rezeptors. Wer allerdings hohe Mengen Alkohol gewohnt ist, der benötigt unter Umständen auch hohe Mengen Benzos, da sich eine Kreuztoleranz entwickelt hat. Und Benzos machen ebenfalls abhängig; Durch die vorhandene Toleranz und das Suchtgedächtnis praktischer Weise auch erheblich schneller, als bei nicht Süchtigen. Als Maßnahme zu eigenen Sicherheit und der Anderer darf man nach abgeschlossenem Entzug und somit ausgeschlichenen Benzos eine Woche kein Auto fahren, bis der Wirkstoff im Körper vollständig abgebaut ist. Da viele Patienten auf solchen Stationen schon längere Zeit keinen Führerschein mehr besitzen, spielt diese Nachwirkung allerdings oftmals keine Rolle. Beiden Präparaten ist jedenfalls gemeinsam, dass sie zum Einen die Entzugserscheinungen weitestgehend in den Griff bekommen. Zum anderen sind sie schädlich, was eine Langzeitbehandlung damit ausschließt. Aber so lange dauert ein einzelner Entzug ja auch nicht. Und sie machen einen doof im Kopf, was sich in den meisten Fällen aber bald wieder gibt.

Diese Behandlungsform dauert etwas länger als eine Woche, je nach Ansprechverhalten.

Endlich mal nüchtern

Der Qualifizierte Entzug beinhaltet die Entgiftung, geht aber noch einen Schritt weiter. Was aber ist mit rein psychisch Abhängigen? Auf den Entgiftungsstationen sind immer wieder Patienten anzutreffen, die ohne Distra oder Benzos über die Runden kommen, auch keine Entzugserscheinungen zeigen. Diese Klientel schafft es in der Regel auch noch, absolut nüchtern morgens zur Entgiftung zu erscheinen, und dies problemlos auf den eigenen Beinen. Klettern nicht betrunken über irgendwelche vier Meter hohen Mauern, obwohl der rettende Durchgang genau so weit entfernt wäre – nur horizontal. Und so weiter.
Der körperlich Abhängige würde nicht einmal auf die Idee kommen, ohne sich auf seine individuelle Drehzahl getrunken zu haben, überhaupt das Haus zu verlassen. Und nicht noch schnell einen Flachmann oder ähnliches neben der Hecke vor der Klinik zu sich zu nehmen, bevor es in die Aufnahme geht. Kann ja schließlich dauern hier, und affig wer-

den ist meist recht unangenehm.

In Abschnitt sechs sind anfangs die Kriterien für eine Abhängigkeit definiert. Diese sind mittlerweile nicht mehr zwingend an rein physische Erscheinungsformen gebunden; Also ist bei einer rein psychischen Abhängigkeit auch die Entgiftung die erste Anlaufstelle.

Nach der Entgiftung geht es aber für beide, also den psychisch und den physisch Abhängigen um das Gleiche. Der Körperliche Entzug ist in 5-10 Tagen erledigt. Der Psychische ist wiederum erheblich nachhaltiger und verfolgt einen ein Leben lang. Stichwort Suchtdruck (= *Craving*), aber dazu später mehr.

Ein Mitpatient verkündet Ihnen nach der hinter 30ten Entgiftung großspurig, dass ja die Entgiftung das Schlimmste überhaupt sei, danach wäre ja alles easy und nicht mehr so schwer. Stop.

„Welcher war dein schlimmster Entzug? – der Nächste!“
– Irgendwo aufgeschnappt, Quelle unbekannt.

Natürlich ist dies am individuellem Standpunkt zu bemessen; Allerdings steigt die Komplexität des Entzuges mit dessen Quantität. Jeder Rückfall wird tiefer, somit jede Entgiftung schwerer. Im Fall des o.g. Mitpatienten ist sein Standpunkt natürlich nachvollziehbar – bei über 30 Entgiftungen sei unterstellt, dass die Abstinenzphasen relativ überschaubar und von eher wenig Entwöhnungsbehandlungen durchzogen waren. Und genau in dieser Entwöhnung geht es ja hauptsächlich um die Psyche, ein Rückfall spielt sich in der vertrockneten Walnuss zwischen den beiden Ohren ab. Und diesen gilt es zu verhindern, mit sehr individuellen Strategien. Der eine erarbeitet für sich, dass es einfach nicht schmeckt. Das dürften viele nachvollziehen können, bei denen der Geschmack sekundär wurde, jedenfalls kann man bei purem Billigfusel kaum noch von geschmacklichen Gründen sprechen. Andere wiederum sagen sich selbst, dass es sehr wohl schmeckt(e), das Zeugs einen aber alsbald unter die Erde bringt, wenn das so weiter gehen sollte. Trocken oder Tod ist eine nicht selten zu hörende Parole.

Wenn schon, denn schon

Weiter nun zum Qualifizierten Entzug, an dem alle Patienten teilnehmen, sofern keine (meist körperlichen) Einschränkungen vorliegen:
Es besteht, je nach Klinik, ein umfangreiches Programm. Dazu können unter anderem zählen: Sport, Gruppen- und Einzeltherapien, Ergotherapie, medizinische Informationen, Physiotherapie, der Kontakt zu Selbsthilfegruppen und Ernährungsberatung. Weiterhin wird die Unterstützung in vielen sozialen Fragen angeboten: Schuldnerberatung und in die Wege leiten von anschließenden Maßnahmen, wie einer Langzeittherapie.

Ferner wird die oftmals ungenügende Ernährung wieder normalisiert. Viele Suchtkranke nehmen im

Verlauf immer weniger bis schlussendlich gar keine Nahrung mehr zu sich und beziehen ihren Energiebedarf nur noch aus dem aufgenommenen Alkohol. Weiterhin hemmt selbiger die Aufnahme von lebenswichtigen B-Vitaminen wie Folsäure (B12).

Die durch die schlechte Ernährung bedingte mangelhafte Aufnahme der Vitamine über die Nahrung wird zusätzlich durch die verringerte Aufnahmefähigkeit des Darmes verschlechtert. Hierzu werden den Patienten, neben einer ausgewogenen Ernährung, hochdosierte Vitamin-Komplexe während der Behandlung verabreicht.

> *Herzlichen Glückwunsch, der Alkoholiker ist jetzt (erst einmal) trocken gelegt. Doch ganz so einfach lässt sich der Alkohol eben auch nicht abschütteln und es kann zu Rückfällen kommen.*

XI. Der Rückfall

Achtung, Kurve nach oben

Eine stoffgebundene Abhängigkeit ist eine ernst zunehmende Erkrankung mit tödlichem Ausgang. Hierbei ist ein Rückfall ein ganz elementarer Bestandteil des Krankheitsbildes. Die Gründe hierfür sind so unterschiedlich, wie auch die Gründe für den Konsum als solches. Verkürzt kann man sagen, dass jeder trocken gelegte Alkoholabhängige sich auf seinem individuellem Level vor einem Rückfall bewegt. Niemand ist davor sicher, ganz unwesentlich ob zwanzig Tage, Wochen oder Jahre bereits trocken.

Einen Rückfall zu vermeiden und dazu die richtige Strategie zu entwickeln, das ist die eigentliche Kernaufgabe einer Entwöhnungsbehandlung. Auch wenn der Träger, meistens Rentenversicherungen, primär daran interessiert ist, dass der Patient wieder arbeitet und somit einzahlt.

Ein Rückfall beginnt in der Regel schleichend mit einer ansteigenden Kurve. Aus dieser kann noch ein Bogen gefunden werden, um nach dem An- wieder ein Abstieg der Spannungskurve zu finden. Hier hat jeder seine eigenen Strategien – oder eben bislang nicht. Man spricht beim Hochlaufen dieser Kurve vom ‚Triggern'. Unser persönlicher Anspannungslevel, von 0 – 100% gedacht. Während die einen auf ihren normalen 30% Grundspannung laufen, empfinden wiederum andere ihre 50% als völlig normal.

Bis zum Erreichen der 90% kann man mit unterschiedlichen Methoden eingreifen mit so genannten Skills, deren Wirkung ebenfalls individuell heraus gefunden werden muss. Je höher der gefühlte Level, desto intensiver muss ein Skill eingreifen (können), um die Notbremse zu ziehen. Bei über 90-92% ist in der Regel kaum noch ein Gegensteuern möglich, der Rückfall steht vor der Tür und klingelt sturm.

„Verstehe die Leute nicht, die direkt nach Therapie sofort wieder angefangen haben zu saufen. Ich war ja immerhin eine Woche trocken."
- Geheilte Mitpatientin. Prolog siehe Entgiftung.

Und gleich vorweg: Es gibt Medikamente gegen Entzugserscheinungen. Aber es gibt keine gegen Sucht, Suchtdruck oder Rückfall. Einzig gibt es Medikamente, die beim Konsum geringster Mengen Alkohol sofort Übelkeit, Erbrechen und Schweißausbrüche auslösen, im Grunde wie mittlere Entzugserscheinungen (z.B. vermarktet unter dem Namen ‚Antabus'). Diese sind wegen ihrer Nebenwirkungen jedoch nicht unumstritten – und die Hauptwirkung gleicht auch eher den Holzhammermethoden aus längst vergangenen Epochen.

Ursache & Wirkung

Was kann einen ‚Antriggern' und welche ‚Skills' helfen? Zunächst einmal kann einen so ziemlich alles antriggern:

Alkoholgeruch *(Fahne, Kneipenatmosphäre oder von Desinfektionsmitteln)* sind der Klassiker. In der Kneipe kommt die Umgebung dazu. Manch Süchtiger wird schon angetriggert, wenn dieser nur auf der Inhaltsangabe des Balsamico oder vom Senf das Wort Branntweinessig findet.

Ein negativ behafteter Auslöser, wie das Telefonat mit der Exfrau oder einem Anwalt mit schlechten, kostspieligen Nachrichten, kommt häufig vor. Verspätete Bahn, das Schnapsregal im Supermarkt. Das durch Unwetter ausgefallene Mobilfunknetz, der bloße Anblick der Schwiegermutter, ein nicht enden wollender Stau auf der Autobahn. Oder man steht früh Morgens an dem einzigen geöffneten Postschalter an, selbstverständlich unter Zeitdruck, und die Omi vor einem kauft erst einmal seelenruhig von jeder Sorte Briefmarken genau eine.

Kurzum: Alles, was einen aufregen könnte ‚triggert‘ einen mehr oder weniger. Und eben die mit Alkohol assoziierten Umstände und Gegebenheiten aus der Vergangenheit. Den Spannungszustand hat man bekanntlich bislang versucht, mit Alkohol auszugleichen bzw. zu überschreiben.

Aber wie soll man nun handeln? Vermeidung als Strategie? Nie wieder Bahn fahren, keinen Supermarkt mehr betreten und keine Inhaltsstoffe mehr lesen? Telefon und Handyvertrag kündigen, Auto verkaufen? Einen großen Bogen um Schwiegermutter machen? Wobei, ja gut, da kann man drüber reden.

Am besten also die Isolation auf einer einsamen Insel suchen und aus einem angeschwemmten Baseball einen prima Kameraden basteln? Das ist keine Lösung, schon gar keine langfristige. Etwas praktischeres muss her:

Hier, Ihre Skills, Sir

Wie verhält es sich also mit diesen Skills?:
Als softe Variante geht der Anruf bei einer vertrauten Person oder einem erreichbaren Mitglied (s)einer Selbsthilfegruppe durch und kann einen runter bringen. Spazieren gehen, ab ins Fitnessstudio und Sport treiben bis zum Umfallen klappt auch meistens. Gerne wird auch die kalte Dusche heran zitiert, ebenso wie laute Musik, oder auf einen Boxsack einprügeln. Tatsächlich fand sich auf einer zwei seitigen Liste möglicher Skills auch ein Vibrator [:sic!]. Nun, so lange es hilft…
Alle diese Skills haben eines gemeinsam: Sie sind in gleichem Maße hilfreich wie auch unpraktisch. Weder steht in der U-bahn eine Dusche zur Verfügung, noch würde der Chef besonders viel Verständnis für spontane Sporteinlagen in der Muckibude während der Arbeitszeit aufbringen. Und sich kurzerhand eines Vibrators im Straßencafe zu bedienen ist nicht wirklich erotisierend und damit ablenkend. Für skeptische Blicke ist gesorgt, wenn man bei der eigenen Trauung direkt am Altar anstatt des Ringes das Handy raus kramt und die Anonymen Alkoholiker anruft.
Das bedeutet nicht, dass diese gänzlich untauglich

sind – nur eben stark von der Situation abhängig einsetzbar.

Daneben gibt es jedoch auch handliche und unauffällige Skills. Diese können eine Fingerfalle sein; Eine sich im Mund auflösende Brausetablette, dessen Schaum man weder ausspucken noch runter schlucken darf.

Eine Schote Trockenchili durch kauen oder an einem Beutel Kamillentee riechen bis sich die Nasenhaare kräuseln beispielsweise.

Auch eine Selbstkasteiung böte sich natürlich an, was unsere Freunde von der christlichen Abstinenzbewegung anno 1893 sicherlich entzücken würde – allerdings haben unterschiedliche Methoden in den vergangenen 125 Jahren doch eine gewisse Modernisierung erfahren.

Eine Sache, die einen so sehr stört oder die man vielleicht sogar ekelig findet, dass die zwangsweise Beschäftigung damit zu einem Abflachen des Spannungslevels führt, man eine Reizüberflutung herbei führt. Es gilt das Ausprobieren. Jeder spricht auf etwas anderes an.

Ein schlagartiges Voll-Laufen der Spannungskurve (innerhalb von wenigen Sekunden oder Minuten) bis zum unausweichlichen Konsum durch z.B. ein unerwartetes und schwerwiegendes Ereignis ist ebenfalls möglich, aber nicht so häufig. Dieser so genannte ‚unvorhersehbare Trigger' soll gerade mal mit einem 2% Anteil als Auslöser für einen Rückfall vertreten sein.

Rien de va plus

Auf welchem Wege auch immer der Rückfall zustande kam, er geht über den gefürchteten Suchtdruck *(= Craving)* und mündet in dem unwiderstehlichen Verlangen nach Alkohol, dem letztlich nur noch nachgegeben werden konnte.

Auch ist die Ausführung des Rückfalls stark unterschiedlich. Der Eine trinkt aus Gewohnheit beim Essen einen Kurzen oder ein Glas Rotwein, was auch immer, und das am Besten während der Entgiftung oder Entwöhnungstherapie. Erschrocken über die Tatsache, weicht der Rückfällige möglicherweise erst einmal wieder vom Konsum ab, was die häufige Fehleinschätzung bestärkt, kontrolliert trinken zu können. Das mag in einigen Fällen tatsächlich so sein, aber ein genaues Ausloten dieser Selbstüberschätzung kann ganz lapidar gesagt der noch fehlende Nagel im Sarg sein.

„Einen Rückfall zu unterbrechen bedeutet, jemanden aus akuter Lebensgefahr zu retten."
– Therapeutin einer Suchtklinik

Ein anderer Ablauf kann sein, dass der Rückfall durch ein kleines Ereignis ausgelöst wird, welches aber mit um so größeren Mengen an Alkohol direkt überschrieben, also ertragbar, gemacht werden soll. Wie in vorherigen Abläufen auch.
In dem Moment macht es einfach klick im Kopf und eine nicht zu stoppende Maschinerie setzt sich au-

tomatisch in Gang, die nur ein Ziel hat: Konsum. Und davon reichlich.

Da der bis dato trockene Alkoholsüchtige hoffentlich keinen Alkohol im Haus hat, alles andere wäre unverantwortlich und stellt die Frage nach dem ernsthaften Abstinenzwillen, setzt also der Beschaffungsmechanismus ein: Schnell zur nächstmöglichen Quelle, kaufen und trinken.
Bei einer späteren Fallbesprechung wird eingewendet, dass zwischen dem Klick im Kopf und dem ersten Konsum die folgenden Schritte lägen: Aufraffen, anziehen, los gehen, im Laden das Getränk auswählen, zur Kasse gehen, auf das Band stellen, bezahlen. Also auf Anhieb acht Schritte, bei denen der o.g. Bogen noch gefunden werden kann, man umdrehen oder die Flasche zurück ins Regal stellen könnte. Das stimmt auf den ersten Blick, täuscht aber über den Automatismus hinweg, der nach Überschreiten des Points of no Return einsetzt. Die genannten Schritte unterliegen eben nicht mehr der freien Willensbildung.

Es gibt Patienten, die von einem solchen Ablauf berichten, und das mit einer nahezu schemenhaften Erinnerung. Komplette Gedächtnisengramme sind, obwohl der Prozess stocknüchtern begann, erst ab dem Beginn des Konsums wieder vorhanden. Zumindest so lange, bis man sich bei dem Rückfall bis zur Bewusstlosigkeit vor gearbeitet hat. Oder kurz davor.

Gefahr im Verzug

Denn darin liegt bei dieser Art das lebensgefährliche Risiko: Der Suchtdruck, der Durst und die vom Körper und Suchtzentrum im Hirn erinnerten Mengen bleiben die gleichen, auch über Jahre hinweg. Nur verträgt der trocken geschleuderte Alkoholiker auf Anhieb eben gerade diese Mengen nicht mehr. Unter Umständen verfügt man über ein gut ausgebautes MEOS, was sofort zum Abbau wieder mit einsteigt; Nur, was ist ‚Sofort' ? Ab dem ersten Schluck oder ab dem ersten (überlebten) Vollrausch nach Trockenheit?
Da steht man nun auf sehr dünnem Eis mit!

Noch schlimmer wird es, wenn man den Alkohol in so einem Tempo in sich rein kippt, dass man nach z.B. zwei Flaschen Wodka auf Ecks erst einmal noch gar nicht betrunken ist – sondern der Alkohol erst langsam aber sicher seinen Weg in den Blutkreislauf nimmt. Sofern der Körper diesen Input bei sich behält, kann man bis zum Koma alle Stadien des Rausches in Zeitraffer live an sich selbst mit erleben. Ob man davon später noch berichten kann, ist eine andere Frage. Selbige ist allerdings direkt beantwortet, wenn man dies im Rahmen der Entgiftung so durch zieht und noch bis oben hin mit Benzos voll gepumpt ist. Da diese sedieren, dürfte der Alkohol drin bleiben. Allerdings ist der Tod durch Atemstillstand durch die Wechselwirkung dann auch ziemlich wahrscheinlich.

Egal bei welcher Form: Jeder Tropfen Alkohol, der in die Blutbahn gelangt, ist kategorisch ein Rückfall. Ob man nun nach dem Essen einen Kurzen trinkt, im Urlaubsflieger mit Sekt anstößt oder die Bahnfahrt mit vier Kölsch angenehmer machen möchte; Oder beim Date die Angebetete zur kultivierten Weinprobe einlädt und selbst kräftig mit bechert, der Konsum sich also zunächst mehr oder weniger intensiv zeigt. Oder man direkt in die Vollen geht, bis eben nichts mehr geht, allen Formen ist eines gleich:

Es handelt sich um einen Rückfall, und es gilt, diesen so schnell wie möglich zu unterbrechen!

Auch wenn es die nächste Runde Entgiftung bedeutet: Das darf einem nicht unangenehm sein, es gehört zum Krankheitsbild Sucht dazu, es ist ein anerkanntes Symptom. Es kann einen fatalen Ausgang nehmen, wenn man aus Schamesgründen einfach weiter in den Rückfall gerät. Denn: Jeder Rückfall geht noch tiefer runter in die Abgründe der Sucht, die darauf folgende Entgiftung wird abermals komplizierter.

> *Guten Tag, ich bin der Suchtdruck; für mich seid ihr alle gleich.*

XII. Wenn der Suchtdruck kommt

Was ist das, was gaukelt das Verlangen vor, und vor allem – was hilft?

Begriffsbestimmung

Ein Unwort? Sehr viele süchtige Menschen, die mir in Entgiftungen und Therapien über den Weg gelaufen sind, vermeiden diese Bezeichnung wie der Teufel das Weihwasser. Formulierungen wie ‚Saufdruck' oder einfach nur ‚Druck' sind gängige Alternativen, werden aber genau so ungerne verwendet. Das englische Wort hierzu ‚Craving' habe ich, abgesehen von Vorträgen und von mehr oder weniger wissenschaftlich orientierten Texten, so in freier Wildbahn auch noch nicht zu hören bekommen. Craving ist eher mit *Suchtverlangen* zu übersetzen.

Kurzum: Wir wissen alle, was gemeint ist; Aber die Mehrheit vermeidet diese Begrifflichkeit. Wie es eben diese Mehrheit auch vermeidet, sich selbst als Süchtigen zu bezeichnen.
Thematisch liegt dieser Beitrag irgendwo hinter der Entgiftung und an sich direkt gekapselt mit einem Rückfall. Wenn man es aber ganz genau nimmt, spielt sich der Suchtdruck aber eben vor einem Rückfall ab, weswegen das Thema an dieser Stelle separat aufgegriffen wird.

Zunächst zerpflücken wir den Begriff natürlich *(wie gewohnt, erst einmal alles aufdröseln)*: Suchtdruck ist keinesfalls gleichbedeutend mit Entzugserscheinungen, auch wenn beim Entzug der Suchtdruck in der Regel recht hoch ist. Im Gegensatz zu sich körperlich manifestierenden Entzugserscheinungen, gegen die mit Medikamenten angegangen werden kann, spielt sich der Suchtdruck im Kopf ab. Weiterhin ist man nach erfolgtem Entzug die körperlichen Symptome los, während der Suchtdruck persistierend ist und auch nach einer langen Zeit wieder auftreten kann. Suchtdruck kann man als konditioniertes Reagieren auf bestimmte, vorwiegend substanzbezogene, Reize verstehen.

Die Fachleute sprechen hierbei von einem Suchtgedächtnis. Dieses kann natürlich nicht wieder gelöscht werden, das wäre ja auch zu einfach. Dadurch, dass psychoaktive Substanzen bei Langzeitkonsum den Gehirnstoffwechsel verändern, ist SD sowohl physiologisch als auch psychologisch zu begründen, dem Verlangen.
Der SD bezieht sich auf das nahezu unwiderstehliche Verlangen nach bestimmten Stoffen (Alkohol, Heroin, Zigaretten, etc.) oder Tätigkeiten (Spielen, Sex, etc.) und beschreibt damit ein elementares Merkmal einer Sucht.
Während einer Entgiftung bzw. danach, vorzugsweise zwischen Entgiftung und Langzeit- Entwöhnung ist SD meist deutlich höher als sonst, was aber normal ist. Dem Körper wird gerade das Suchtmittel genommen, dazu verursacht die Umgebung und der Umstand selbst eine Menge Gefühle, die sich mit Substanzen bislang recht zuverlässig

haben abschießen lassen. Und damit sind wir auch schon bei den Ursachen:

Gefühlte Herkunft

Am häufigsten ist der Suchtdruck eine Konsequenz aus sich anstauenden negativen Gefühlen *(Wozu auch Langeweile zählen kann)*, welche immer weiter in Richtung der Oberkante eines bildlichen Glases hoch laufen. Die Gedanken beginnen mehr und mehr um das Suchtmittel und dessen unmittelbare Beschaffung bzw. Konsum zu kreisen. Die Stimmung ist nervös und unruhig, bis das Glas schließlich voll ist, das Verlangen unwiderstehlich wird, und es an der Tür Sturm klingelt *(Nein, nicht die Zeugen Jehovas, die wird man leichter wieder los…)* sondern: „Tag, Rückfall mein Name!“.
Ungünstig beeinflusst wird dieses hochlaufen durch das antrainierte Wissen, dass der Konsum zunächst einmal Abhilfe schafft.

Wie lässt sich dieses Hochlaufen *(= triggern)* verhindern, wie blockieren? Prima Nachrichten: Gar nicht! Bessere Nachrichten: Es ist erlernbar, damit umzugehen. Und eine hochlaufende Kurve kann zum Stillstand gebracht, der Bogen nach unten gefunden werden. So setzt man heil und vor allem trocken wieder auf dem Boden auf, um eben nicht klitschnass ungebremst aufzuschlagen.
Zu Konsumzeiten gab es nichts, was ausgehalten werden musste – es wurde schlichtweg überlagert und damit war es auf den nächsten Tag verscho-

ben. Von dieser Praxis Abstand nehmend, gilt es, verlerntes wieder zu erlernen.

Die einfachste Methode ist immer noch der Rückzug:
Eine bestimmte Situation verlassen – Orte, Erinnerungen, Personen. Also Kneipen, das letzte melanchonische Klassik Konzert und – ha!: Schwiegermutter. Diese Methode ist besonders zu Anfang, in den Durchläufen der Entgiftungen *(Ja, Plural in der Regel)* nicht die schlechteste. Hauptsache, es hilft jetzt in dieser Extremsituation ganz schnell etwas, und selbst wenn man beim Mittag das Essen fallen lässt und sich fluchtartig in sein Zimmer zurück zieht und verbarrikadiert: Es hilft.

Und die Analyse, wovon man sich überhaupt antriggern lässt, kann nicht schaden: So kann man sich im weiteren Verlauf darauf einstellen, dass die eine oder andere Situation kommen wird und seine Strategie dazu erarbeiten. Denn, so hilfreich die Flucht zu Anfang auch sein mag, sie ist keine Dauerlösung.
Zum Thema Analyse fällt mir eine Mitpatientin ein, die wegen einer Gerichtsverhandlung entgiften musste *(Tauchen Sie mal alkoholisiert vor Gericht auf, da brauchen Sie denn gar nichts mehr zu sagen…).*
Ihr Partner kam sie besuchen, angetrunken und mit Fahne. Schlimm genug schon, die Frechheit zu besitzen, in diesem Zustand als Besucher auf einer Entgiftungsstation aufzuschlagen *(Was on Top ver-*

boten ist!). Nein, er musste seiner Partnerin auch noch einen Zungenkuss bis zur Oberkante Kehlkopfdeckel geben. Die Gute war so not amused und eine der wenigen, die ich jemals erlebt habe, die gleich sagte *„Ich krieg Suchtdruck"* – unglaublich. Dies ist ein gutes Beispiel dafür, wie ein automatisierter Konsum von früher in Verbindung mit Erinnerungen (= Kuss / Fahne) sofort massiven Suchtdruck auslösen kann.

Auch können bestimmte Gespräche oder Wortfetzen die Gedanken an den Konsum hoch schnellen lassen, bspw: Ein Dutzend Leute in einer Entgiftung und drei davon ziehen sich ständig an ihren Sauf-Eskapaden hoch und wie geil das jetzt wäre, ein zu heben. Auch das kann Suchtdruck auslösen. Das Thema auf ein neutrales umzulenken ist dann wichtig – und am besten dran denken, was es für Konsequenzen hat, wenn der Rückfall da ist. An was denken? An die ganz jungen Kaliber, die Anfang bis Mitte 30 schon mit Korsakow rum rennen? Oder daran, dass man selbst seine Leber gerade eben noch vor dem Übertritt in die Fibrose gerettet hat? Denken Sie drüber nach, da findet sich bestimmt etwas.

Sehr unüberlegt ist es ebenfalls im benannten Setting, sich eisgekühlte erfrischungshaltige Koffeingetränke aus der Dose zu genehmigen. Und diese mit einem klassischem ‚Zisssschh' denn im Tagesraum zu öffnen. So lustig das klingen und der eine oder andere schmunzeln mag: Das löst ebenfalls ganz schnell einen Rückfall aus. Der Anblick eines Fixerbesteckes kann bei einem Junkie die gleiche Wirkung haben. Der Suchtdruck läuft bei einigen Patienten in einer Entgiftung bereits von Kleinigkeiten hoch und direkt in den Rückfall.

Wenn nun also diese besagte Kurve hoch läuft, so bemerkt man dies in der Regel. In entsprechenden Gruppensitzungen und -Therapien wird das Modell nach % betrachtet. Eine Grundspannung hat jeder Mensch, der eine mehr der andere weniger. Läuft diese bei einem Süchtigen nun aber hoch, so kann bzw. sollte/muss gegen gesteuert werden um die Anspannung zunächst zu stoppen und dann auch wieder runter zu bringen. Wie gesagt, ein hochlaufen ist nicht zu verhindern. Das Erkennen und stoppen des Treibens ist es, was jetzt zu tun ist. Wir haben uns die Methode des Rückzugs und die des Umlenkens von Gesprächen angesehen. Was gibt es noch?

Gegenmaßnahmen

Allen voran ist die Flasche Wasser (oder sonstiges, alkoholfreies Getränk) zu sehen: Dadurch, dass nach 1-2l in der Regel der Durst schon einmal weg ist, ist schon ein wichtiger Teil geschafft. Nichts ist schlimmer, als wenn man beim Bergsteigen plötzlich Suchtdruck bekommt, nichts zu trinken dabei hat, und erst 250 Höhenmeter weiter oben die nächste Bierstube steht. Das könnte unter Umständen nach hinten los gehen.

Ein anderer Bestandteil ist die Notfall-Karte: Auf

     Wenn der Suchtdruck kommt

einer Kreditkarten großen Pappkarte werden die wichtigsten Telefonnummern notiert wie Selbsthilfegruppen und Vertraute, Suchtnotdienst. Diese sind dann die ersten telefonischen Anlaufstellen und können schon eine sehr hilfreiche Krisenintervention darstellen.

Apropos Notfall: Ein Notfallkoffer, ob nun imaginär oder tatsächlich vorhanden, bezeichnet zunächst erst einmal ein Behälter, in dem ich meine so genannten ‚Skills' verstaue. Unter dem Kapitel Rückfall steht ähnliches, was jetzt hier aber aus praktischen Gründen noch einmal wiederholt wird:

Skills sind Erfahrungen, so rein frei übersetzt. Die Erfahrung, womit man in welcher Situation den Suchtdruck stoppen und zurück fahren kann. Man sollte nicht gleich bei leichten Spannungszuständen den ultimativen Endgegner aus dem Verlies kramen.

Mittelmäßig angetriggert sein fragt nach mittelmäßigen Gegenmaßnahmen. Und ja, auch die sollten bereits eingesetzt werden:

Spazieren gehen, einen Boxsack verprügeln, Mountainbiken, Weingummis lutschen, kalt Duschen, Rasen mähen, Musik in voller Lautstärke hören – was auch immer in dieser Liga – sind relativ leichte Skills. Von 2000 rückwärts bis auf Null zählen, in 7er Schritten (1993, 1986, 1979 …usw) geht immer und überall.

Je weiter die Kurve nach oben geht, desto schwerer sollten bzw. müssen auch die Skills in das Gemüt eingreifen:

Lollis mit Chili, Chilis selbst oder Brausetabletten im Mund zergehen lassen sind schon ziemlich weit oben in der Hitliste der Skills. Sich mit einem Gummiband immer wieder selbst zwickend, etc etc etc. Im Grunde alles, was einen ablenkt. Dies gilt es, individuell heraus zu finden. Bei jedem wirkt etwas anderes.

Zwar gibt es erste zaghafte Versuche, die Sucht zu verlernen: Bei Alkohol und Heroin im kleinen Stil bereits erfolgreich angewendet, also möglich. Doch bevor man nun gleich Freudensprünge macht: Hierzu gibt es keine vernünftigen Zahlen oder belegte Studien, lediglich Versuche. Diese zielen auf pass-genaues Zuschneiden der Therapie auf den jeweiligen Stoff und die Konsumsituation etc. ab. Bis man hiermit weiter ist: Achtsam sein, Gefahren erkennen und schon vorher benennen, gerüstet sein um den Rückfall zu vermeiden. In diesem Sinne:

Wenn der Suchtdruck kommt...

... Frag ihn, was er will!

Wir wollen aber noch wissen, was hier genau drückt

XIV. (Ver-) Sucht (-e) Anschauung

Was ist Sucht

Zunächst einmal, woher kommt das Wort? Ist es die permanente Suche nach einer anderen Bewusst-seins-ebene wie durch LSD, oder der nächsten Dröhnung mittels Alkohol, Heroin oder Benzodiaze-pinen? Die Suche nach Bedürfnisbefriedigung wie durch Sex oder Kauf? Wird diese Suche anhaltend fortgesetzt, kann sich daraus natürlich eine Sucht entwickeln. Allerdings hat Sucht mit Suche rein ety-mologisch nichts zu tun.

Bereits seit dem 8. Jahrhundert ist der Begriff 'suht' im Althochdeutschen belegt und geht auf 'siuchan' zurück, was im heutigen Sprachgebrauch als 'sie-chen' noch vereinzelt Verwendung findet. Das Sie-chen bezeichnete im Althochdeutschen das Leiden an einer Krankheit. Sucht ist ein historisches Wort, mit dem früher Krankheiten bezeichnet wurden, und dabei vorangestellt das auffälligste Symptom im Namen trugen *(z.B. Fettsucht: der Süchtige ,verfet-tet körperlich' sozusagen)*.
Durch die ergänzende Benennung von z.B. Fall-sucht, die Sucht zu Fallen *(heutige Epilepsie)* etab-lierte sich früher, dass das voran gestellte Wort ein regelrechtes Verlangen nach der Krankheit dar stellt.
In vielen Fällen ist die Sucht auch ein ,Dahin-sie-chen', was wiederum mit Elend assoziiert wird. Bild-lich treffen wir in dunkeln Bahnhofsvierteln oder

Spelunken auf Menschen, die genau diese Assoziation erfüllen.

Etwas mehr als 1.100 Jahre nach der ersten nachweislichen Benennung folgte denn das grundsätzliche Verständnis der Sucht als eine Abhängigkeit. Diese bezog sich zwar anfänglich nur auf den Alkohol, erfuhr jedoch relativ kurze Zeit danach bereits ihre Ausdehnung auf andere Abhängigkeiten.

Heute beschreiben wir damit also ein starkes Verlangen, Begierde bzw. Geilheit auf etwas Bestimmtes [1]. Dies kann stofflich (=Substanzen) oder nicht-stofflich (Tätigkeiten) sein. Weitere Formen können ein inneres Einfordern von Verhaltensweisen gegenüber sich selbst oder durch andere zur Befriedigung des Egos sein [2]. Aber auch der althergebrachte Begriff der Krankheit [3], welcher zwar als überholt gelten darf, findet heute vereinzelt immer noch Verwendung:

Beispiele
[1]: Alkoholsucht, Computersucht, Heroinsucht, Spielsucht, Putzsucht, Tablettensucht
[2]: Geltungssucht, Eifersucht, Sehnsucht, Sexsucht, Rachsucht, Liebessucht
[3]: Fettsucht, Gelbsucht, Magersucht, Schwindsucht, Nesselsucht, Wassersucht

Wortschöpfungskette

Entsprechend vielfältige Wortschöpfungen sind all-

                    (Ver-) Sucht (-e) Anschauung

gegenwärtig:

Manch Zeitung kann man mit Fug und Recht eine Sensationssucht nachsagen, während Börsenspekulationen oft von Profitsucht getrieben sind und sich machtsüchtige Autokraten neue Paläste zur Befriedigung ihrer Prunksucht hin stellen lassen.

Die Ex-Frau war von Eifersucht zerfressen und sieht sich bis zum strafrechtlich relevanten Stalking getrieben, während ihr Ex-Mann selbstsüchtig seiner Geltungssucht bei anderen Frauen nach ging.

Ein Suchtberater hat meistens aber eher mit Substanzsucht zu tun, und rät den Suchtkranken daher zu einer Suchtklinik, wo sich Suchtärzte um dessen Suchtbehandlung kümmern. Das Suchtproblem erkennend, geht es dann auch um die Vermeidung des Suchtstoffs und dabei im Kern, wie man dem Suchtdruck widersteht und eine Suchtverlagerung vermeidet.

Es lassen sich unzählige Wörter bilden, die das Wort Sucht vorweg oder hinten dran gestellt bekommen. Versuchen Sie es selbst einmal: Sind Sie schon suchtkrank, weil Sie sich als schokoladensüchtig bezeichnen würden? Was macht die Umgangssprache aus diesem Begriff?

Was hätten Sie gedacht?

Hilflose Egozentrik?

So gut wie jeder hat schon einmal etwas von dem so genannten Helfersyndrom gehört, dem Bedürfnis anderen zu helfen. Und dies zeitweilig über die eigenen Bedürfnisse zu stellen. Zunächst einmal ein Zeichen von Empathie, was per se keine schlechte Eigenschaft ist. So lange die Balance stimmt – zu den eigenen Grenzen, zu den eigenen Fähigkeiten. Läuft man ständig oberhalb der eigenen Möglichkeiten dabei, bietet sich nahezu aufdringlich in Situationen an, in denen überhaupt keine Hilfe erforderlich oder erwünscht ist, so strapaziert man seine Umwelt mehr, als das es nutzt. So wird der ganze Spaß irgendwann pathologisch.

Dies gilt auch, wenn die Hilfsbereitschaft missbraucht oder ausgenutzt wird, aber dennoch fortbesteht. Diese quasi Aufopferung steigert zunächst das Selbstwertgefühl, denn nicht selten ist dieses Helfersyndrom auf einem verminderten aufgebaut. Durch das Beschäftigen mit den nicht-eigenen Problemen werden die eigenen bei Seite geschoben und / oder überlagert.

Und hier beginnt auch wiederum die Sucht: Man sucht nach Anerkennung für sein soziales Handeln, hat den starken inneren Drang nach Lob, möchte eine Befriedigung des Bedürfnisses nach Bestätigung erreichen, ja, erzwingen.

Manische Sucht und die Suche nach Manie?
Die Polytoximanie, einer meiner absoluten Favoriten. Polytox ist bekanntermaßen ein multipler Substanzmissbrauch. Klassisch so etwas wie Alkohol, Kokain und Benzos gleichzeitig und alle Substanzen erfüllen die Kriterien eine aktuellen Sucht. Die Manie wird als eine Gier, einem nicht zu bändigem Verlangen nach dem Konsum dieser Substanzen

    (Ver-) Sucht (-e) Anschauung

verstanden.

Fragen Sie doch mal einen manisch-depressiven, heute besser bekannt als bipolare Störung, ob er oder sie hinter der manischen Episode hinter her giert und danach unbändig verlangt. Im Bezug auf Abhängigkeit kann man von dem Polytoxen dies sicherlich so sagen, aber wovon sollte der manisch-depressive nun abhängig sein? Der ist zumeist froh, wenn die Episoden vorbei sind.

Pyromanie (*Brandstiften*) oder Kleptomanie *(sich Dinge aneignen, auch illegal)* kann man zwar als krankhaft bezeichnen, sie werden aber nicht als Suchterkrankung im medizinischen Sinne gezählt. Wiederum die Nymphomanie *(Sexsucht)* sehr wohl. Also bewegt sich bereits der Begriff Manie in mindestens drei verschiedene Richtungen.

Substanzielles

Gehen wir ganz lapidar auf die Substanzen zurück, egal ob legal oder illegal: Ein mindestens einmaliger, meistens aber sehr viel häufigerer, Konsum einer bestimmten Substanz kann in die Abhängigkeit führen. Alkohol, Heroin, Benzodiazipine. Das unkontrollierte Ausnüchtern führt dann zu körperlichen und seelischen Entzugserscheinungen, erstere können lebensgefährliche Zustände *(Krampfanfall, Delir)* zur Folge haben. Dies wäre die heftigste Form der unmittelbaren Entzugserscheinungen.

Was aber ist mit der psychischen Komponente, dem Verlangen? Das als ‚Craving' bezeichnete

Phänomen, auch als Suchtdruck bezeichnet? Das betrifft nicht nur den Alkoholiker, der seiner Flasche hinterher trauert. Auch die Gier nach fett- bzw. zuckerhaltiger Nahrung gilt als Craving und hat die Fettsucht als Folge. Die Sucht nach dem blinkenden Spielautomaten, die den Konsumenten ruinös in die Spielhallen treibt, auch. Die Sucht nach Sex, bei welcher der Schutz vor Krankheiten und / oder ungewollter Empfängnis oftmals eine untergeordnete Rolle spielt.

Kontrolle als eine Sucht?
Typisches Beispiel für einen Kontrollversuch ist die Eifersucht. Aber weit darüber hinaus, ist Kontrollverhalten auch in anderen Bereichen zu finden, in annähernd neurotischer Ausprägung. Menschen neigen dazu zu glauben, sie hätten verschiedene Bereiche ihres Lebens unter Kontrolle. Der zwanzigste Gang zum Briefkasten am Tag soll dafür sorgen, dass mir durch meine Kontrolle keine wichtige Post durch den Lappen geht, als würde ich nur alle 20 Tage einmal in den Kasten sehen. Das ständige Nachsehen in den Hosentaschen, ob Schlüssel, Telefon und Geld vorhanden sind, gibt mir Sicherheit durch diese Kontrolle. Und Kontrolle über meinen Partner auszuüben sichert mich ab, Nebenbuhler auszuschließen. *Tatsächlich*? Was ist denn Kontrolle? Gibt es eine Kontrolle überhaupt? Illusion oder Tatsache?
Hier kommt eine andere Art Kontrollverlust zum tragen: Viele Menschen, denen ihre Sucht der vermeintlichen Kontrolle über ihr Leben entgleitet,

neigen dazu, Angsterkrankungen zu entwickeln: Die Angst vor Kontrollverlust, was sich letztlich in ganz hässlichen Panikattacken zeigen wird. Auch hier geht eine Abhängigkeit voraus.

Es gibt sicherlich Situationen, bei denen Kontrolle und Kontrollverlust zu Recht zur Panik führen kann und gesund ist:

Denken Sie an diese laue Nacht am 26.04.1986, Ukraine, am Fluss Prypjat. Wenn Sie dort als Angestellter die Kontrolle über einen Kernreaktor verlieren und der einige 100m senkrecht nach oben katapultiert wird;

Ohne Fahrschein im ICE von Hamburg nach München und der Zugbegleiter klopft an der Toilettentür, hinter der Sie sich verbarrikadiert haben;

100kg Kokain und eine Leiche im Kofferraum und der Zöllner ist im Begriff, diesen zu öffnen;

– In allen drei Fällen ist eine panische Reaktion durch Verlust der Kontrolle normal und nicht ungesund, selbst wenn die Umstände eben nicht so ganz normal waren. Eine Kontrollsucht lag in keinem Fall vor.

Fragende Aussage

Und so sind wir bei der Kernaussage: Sofern die ganze Angelegenheit, von was oder zu welchem Zwecke auch immer, krankhaft *(= also pathologisch)* wird, dann ist die Sucht gegeben.

Die Fragestellung ist, ob in uns Süchtigen wirklich die Substanz als solches unsere Sucht ausmacht –

oder ob es ein Grundkonzept in uns ist, süchtig zu sein. Also die Sucht nach der Sucht?

 (Ver-) Sucht (-e) Anschauung

XV. Suchtverlagerung

Das Konzept

Ist es also nun in uns konzeptionell vorhanden, das Süchtig-sein, egal von welchem Stoff? Sprechen wir in dieser Art Mensch also von einer Suchtpersönlichkeit im weitesten Sinne?
Bei dem Krankheitsbegriff Sucht und deren genauen Definition ist in den vergangenen Kapiteln verdeutlicht worden, dass die Krankheit Sucht nicht heilbar ist, sondern lediglich lebenserhaltend zum Stillstand gebracht werden kann.

Unter Suchtverlagerung *(auch Abhängigkeitsverlagerung)* versteht man das Verlagern auf eine andere Abhängigkeit. Diese muss nicht einmal stoffgebunden sein; Also, der klassische Alkoholiker, der das Trinken gegen Tabletten oder Kokain tauscht, ist nur eine von vielen Varianten. Im Grunde ist so nur der Konsum einer bestimmten Substanz oder eine bestimmte Tätigkeit (z.B. Spielsucht) zum Stillstand gebracht, das Grundkonzept der Sucht aber keinesfalls.
Davon ausgehend, dass es kaum noch ‚reinrassige Alkoholiker' geben dürfte *(die meisten sind polytoximan bzw. mehrfachabhängig)*, spielt es eine große Rolle während und nach einer Therapie, den Abhängigen nicht von einer Abhängigkeit in die nächste rauschen zu lassen. Es gibt keine brauchbaren Daten dazu, wie viele Süchtige sich in eine andere Sucht entwickeln. Fakt ist aber, dass es

passiert.
Bei den jüngeren Semestern in einer Suchtklinik finden sich vermehrt die verschwimmenden Grenzen zwischen den Stoffen, während die älteren klassisch rein alkoholabhängig sind.

Von welcher Substanz oder welcher Sucht-Tätigkeit die Verlagerung auch aus geht, ist genau so mannigfaltig, wie die nächste Sucht, in die abgebogen wird. Und es ist vor allem eins: Eine prima Ausrede! Fragen Sie einmal den trockenen Alkoholiker, der morgens um zehn bereits den 8ten Kaffee intus hat, oder an der x-ten Zigarette zieht, wie er seine Sucht beurteilt. So der Klassiker zunächst einmal. Das Prinzip der Sucht bleibt eben gleich – auch wenn die genannten Stoffe deutlich gesellschaftsfähiger sind natürlich. Der Abhängige redet auch in Trockenphasen seine Sucht schön, diese sei ja im Griff. Moment! – Ein bestimmter Stoff ist aktuell im Griff, sonst nichts. Und da sind wir wieder dabei, dass sich Süchtige gerne alles schön reden, sowohl vor anderen als auch vor sich selbst.

Auf Entgiftungsstationen ist die Suchtverlagerung der ‚Runnig Gag‘. Egal, was man betreibt, sofern es über ein normales Maß hinaus geht: „Na, Suchtverlagerung oder was?“ – Drei mal am Tag auf Klo, im Fahrstuhl, spazieren gehen. Mitpatienten finden ja immer etwas, das ist so eine Art Naturgesetz. Interessant ist auch die häufig anzutreffende Meinung ‚Ich schaffe nur die eine Sucht. Jetzt auch noch das Rauchen aufzugeben klappt einfach nicht.' Wie immer, ist auch dies individuell natürlich. Andere legen alle Suchtmittel bei Seite.

Stimmen, die ich hörte

Nun hören wir uns einige Stimmen zum Thema an, wo auch immer gehört; Entgiftungen, Therapieeinheiten, Patientengespräche oder im Fitness Studio *(Allesamt trocken gelegt)*:

„Mein Kaffeekonsum ist von 2 Tassen im Monat auf 3-4l am Tag gestiegen. Habe immer großen Vorrat an Instant-Kaffee und ne Palette Kondensmilch, das beruhigt mich. Teils bin ich vor dem Mittag überhaupt nicht mehr auf Touren zu bekommen. Und beim Kaffee Entzug bekomme ich mega-Kopfschmerzen."

„Nur noch eine halbe Tüte Weingummis? Bloß noch mal schnell zum Laden, das reicht nie den ganzen Abend. Ja, ich weiß, dass man davon fett wird, aber das ist mir egal."

„Heute geht es wieder, aber so direkt bei der Entgiftung und einige Zeit danach war so rund ein Kilo Schokolade am Tag der Satz, um das auszuhalten. Kann auch vom letzten Euro gewesen sein, ohne zu wissen, wie das morgen weiter gehen soll."

„Ach Quatsch, ich hab immer geraucht. Jetzt ist es zwar doppelt so viel, aber das macht nichts. Ich bin dadurch ja nicht berauscht. Ich riskiere zwar auch

die Gesundheit, aber das sind ja nur Zigaretten"

„Ich brauche hier meinen Sport. Erst einmal, weil ich wieder fit werden möchte. Aber es ist mir auch so wichtig, weil ich mich glücklich fühle, wenn ich mich völlig auspowere. Zwar tut mir nächsten Tag alles weh, teils kann ich dann keinen Sport machen und muss pausieren. Bei einer Pause rauche ich erheblich mehr"

„Es gibt immer einen Vorrat an Arbeit zu Hause in der Werkstatt, den ich (für die Selbstständige Tätigkeit eines Handwerkers, Anm. d. Red.) erledigen kann, aber nicht muss. Ich brauche das, gebraucht zu werden. Und wenn, denn kann ich rein hauen, auch bis spät in die Nacht. Findet meine Frau zwar nicht toll, aber besser als zu saufen"

Etwas bemerkt? Bevorratung, runter spielen, wissen um die schädlichen Konsequenzen: Irgendwie pathologisch, meinen Sie nicht auch? Dem durch Alkohohl bereits vorgeschädigten Körper nun andere Stoffe én Mass zuzuführen? Der Leberzirrhose und Onkel Korsakow grad noch so ein Schnippchen geschlagen, liefern wir nun Gevatter Tod den Lungenkrebs etc. auf dem silbernen Tablett?

Reise, Reise

Spielen, Internet oder TV: Elektronisches Geflimmere mit Suchtpotential. Was nun im TV gesendet wird, sei mal dahin gestellt. Oder ob man sich im Internet alle 11 Minuten verliebt, auch das kann eine Sucht sein. Krankheiten rezidivieren eben mitunter – und Liebestrank & Liebeskrank… ach, lassen wir das.

Sexsucht: Je nach Partner zumindest am Anfang sicherlich ganz prima, irgendwann wird es unter Umständen aber mindestens einem Beteiligten lästig. Zum anderen ist auch der Leichtsinn bei dieser Sucht gefährlich – und ein zünftiger Tripper noch die eher harmlosere Variante.

Workaholic: Kann jeder Arbeitgeber froh drüber sein, davon möglichst viele zu beschäftigen. Und tatsächlich ist es in einigen Betrieben auch so, dass Arbeitgeber gerne trockene Alkoholiker einstellen, da die Suchtverlagerung ein bekanntes Thema ist. Ferner fühlen sich viele trocken gelegte on Top schuldig, etwas zurück geben zu müssen.

Zielverfehlung

Letztlich ist auch die Suchtverlagerung ein weiterer Versuch der Selbstbehandlung. Welcher schon mindestens einmal ziemlich gescheitert ist, sonst wäre dieser nicht In eine Sucht gemündet. Man versucht sich, durch exzessives Verhalten bzw. exzessiven Konsum selbst zu vergessen.

Auch wenn gewisse Faktoren eine Sucht begünstigen: Nur die persönliche Prädisposition hat letztlich zur Sucht geführt. Dem einen fehlte ein Quäntchen

Glück, dem anderen die Nestwärme. Wieder jemand anders hat ein Traumata oder eine Trennung nicht verwunden. Die Suche nach Erleichterung, nach dem Gefühl der inneren Ruhe. All das, und noch viel mehr, sind mögliche Motive für die erste Sucht.

Dies ist mittels Therapie aufzuarbeiten und zu ergründen. Denn so lange mit den Ursachen kein anderer Umgang gefunden wird, im besten Fall diese sich sogar abschalten lassen, so lange wird das Thema Suchtverlagerung immer mal wieder auf der Tagesordnung stehen.
Auch ist es an jedem selbst, zu beobachten oder Beobachtungen zuzulassen – was ändert sich in meinem Handeln? Steuere ich gerade in die nächste Sucht?

Achtsam sein! Und das gilt insbesondere für das nächste Kapitel:

XVI. Kontrolliertes Trinken

Nachvollziehbare Motivation

Beim Schreiben dieses Buches ist mir anfangs die eine oder andere Webseite begegnet, die sich mit dem Thema ‚Kontrolliertes Trinken' beschäftigt- Dies aus dem Blickwinkel, dass es eben sehr wohl möglich sei, auch für trockene Alkoholabhängige. Ein anders lautenden Facebook Beitrag hat mir dazu kürzlich eine Freundin zukommen lassen.

Es ist nur natürlich, dass viele Abhängige nicht wahrhaben können oder wollen nach einem viertel Jahrhundert Dauerkonsum das nächste viertel Jahrhundert nun dem absoluten Nullkonsum zu widmen bzw. widmen zu müssen. In der Vergangenheit kreisten die Gedanken immer mehr und mehr um den Alkohol, bis dieser irgendwann vollends die Oberhand gewonnen hatte und man sein Leben nach der Sucht ausgerichtet hat.

Eines Tages die gedankliche Kurve bekommen, aus welchen Gründen auch immer:
Der Eine hat sich sein soziales Leben in Grund und Boden gesoffen, bei dem Nächsten ächzt die Leber mit exorbitanten Werten spürbar unter dem rechten Rippenbogen. Und wieder andere sind zur Vernunft gekommen, bevor eben solche Dinge überhaupt erst passieren. Abstinenz ist das Zauberwort, endlich weg mit dem Stoff für ein vermutlich längeres Leben. Und was passiert? Die Abstinenz ist von

dem selben Thema durchsetzt, Alkohol, das Zeugs ist omnipräsent – und in der Anfangszeit der Abstinenz erst recht.

Der Selbstversuch

Die Entgiftungsstationen sind voll von Patienten, die mit dem hochgradig gefährlichen Versuch gespielt haben, kontrolliert trinken zu können. In Langzeit-Therapien wird das Thema in den Gruppen immer wieder auftauchen, wie auch bei nicht therapeutischen Gesprächen untereinander. Manch Rückfälliger *(gerne auch in solchen Einrichtungen)* gibt sich gelassen, dass es ja nur 2-3 Kurze zum Essen waren oder eine Flasche Doppelkorn drei Tage gehalten hat – anstatt wie vorher drei Flaschen am Tag. *Therapieresistent*?
Wenn jemand die Thematik überhaupt versteht, denn sollten wir es selbst sein. Die Abhängigen – wir sind die Fachleute auf dem Gebiet. Und, mal Hand auf's Herz: Wer von den abhängigen Lesern hier hat es noch nicht versucht, kontrolliert zu trinken? In der Lieblings Weinstube, dem Biergarten – wo auch immer. Der Klassiker, ein Date: Das Gegenüber bestellt sich zum Candle-Light-Diner ein Glas Wein. Im Anbetracht der Stimmung und des schierem Ausblendens der Faktenlage passiert es: Ein Glas geht, oh das zweite auch. Und nächsten Freitag sind es drei oder vier. Oder man haut sich direkt beim ersten Versuch so den Kanal voll, dass man im Krankenhaus aufwacht. Wenn man noch aufwacht. Vermutlich ist von Ihrem Date dann auch

nie wieder etwas zu hören, aber das ist jetzt Ihr geringstes Problem.

In diesem Zusammenhang sei einmal auf die Kapitel V - VII verwiesen. Um noch einmal abzurufen, was passiert (ist):

Was charakterisiert denn eine Sucht? War das nicht der Zustand, bei dem einem die Kontrolle über den Konsum eines Suchtmittels vollständig entglitten ist? Ob nun Alkohol, Heroin, Spielautomaten, Sex oder Zigaretten? Gibt es *kontrolliertes Rauchen*? Kann man nur ein *bisschen abhängig* sein?

Oder kennen Sie jemanden, der von sich sagt, nur *bisschen schwanger* zu sein?

Differenzierung, unbedingt

Ein Bericht nennt das Thema KT einen Mythos, ein anderer sieht über diesem Mythos wiederum das Schwert des Damokles schweben. Und die eingangs angesprochene Webseite postuliert ganz deutlich, dass die Abhängigkeit von Alkohol völlig überbewertet wird und man mit einem gezielten Coaching zum KT zurück fände. Diese Aussage ist einfach nur eins: Verantwortungslos! Und im weiteren Verlauf des Lesens stellte sich auch heraus, dass ein gewinnorientiertes Unternehmen hinter dieser Seite steckt. Solche Coachings anzubieten ist per se erst einmal ja gar nicht schlecht, im Gegenteil.

Jedoch sollte man die Zielgruppe denn auch klar-/er abgrenzen: Jemand, der noch nicht durch sämtliche Phasen gerauscht ist, der noch nicht Haus-

und Hof versoffen hat und bei seinem Arbeitgeber noch unauffällig in Amt und Würden ist, seine Familie noch nicht in den Sand gesetzt hat: Bei dem kann so ein Coaching ja auch tatsächlich zu einem KT zurück führen. Zu differenzieren ist hier unbedingt zwischen Abhängigen und nicht Abhängigen: Bei einem Alkoholabhängigen, der eben all das nicht von sich sagen kann, kann eine solche Seite jedoch falsche Hoffnungen wecken. Mit der Konsequenz von lebensgefährlichen Selbstversuchen. Es ist davon auszugehen, dass nicht jeder trockene Interessent beim Lesen einer solchen Seite sofort zum Hörer greift und viel Geld für ein Coaching auf den Tisch blättern wird. Eher wird es so aussehen, dass sich einige Leser davon in ihrem gefährlichen Aberglauben bestärkt fühlen, dass es ja eben sehr wohl geht. Auf der anderen Seite muss man aber auch ganz klar sagen, dass die deutliche Mehrheit nicht durch so eine Seite rückfällig werden dürfte. Die Verantwortung für sein Tun und Unterlassen trägt letzten Endes jeder nur für sich selbst. Allerdings sind Suchtkranke nicht gerade für ihre besonders verantwortungsvollen Handlungen bekannt.

Unausgegoren *(Na endlich!)* :-)

Es gibt tatsächlich zum Thema KT in dem einen oder anderen Nachbarland von uns auch bereits erfolgreiche Modelle, wie der Weg zurück zu finden ist:
Manch Alkoholiker empfand es zum Beispiel als anstrengend, Mittags, Nachmittags und Abends nach

Plan nur ein Bier trinken zu dürfen und das auch nur fünf mal die Woche. Im Ergebnis wurde der Konsum denn komplett eingestellt, was den Konsumenten erheblich weniger störte, als sich an die Zwänge eines Fahrplans zu halten. Zum anderen sind 5x / Woche drei Bier auch jenseits dessen, was als gesund und nicht abhängig gelten dürfte.

Gesicherte Studien hierzu gibt es allerdings nicht. Einige wenige vage Zahlen schwirren hier und da im Netz herum – von 1,3 – 5% ist die Rede, wo die Rückkehr zum KT funktioniert hat. Das ist erschreckend wenig.
Da sollte man sich ehrlich gesagt lieber auf die Wunderpille warten, die das Gehirn auf den Zustand ‚unterhalb Sucht' zurück stellt, auch wenn diese nicht mehr zu Lebzeiten der meisten Leser hier erfunden werden wird.

In diesem Sinne: Am besten Finger weg von solchen Ansätzen!

Wir haben es fast geschafft. Nun folgt noch im Anhang ein wenig Wissenswertes.

Anhang

Anhang A: Trinkertypen und -Phasen nach Jellinek

Kurzüberblick

Es gibt verschiedene Modelle der Typologie des Alkoholismus, das gebräuchlichste ist seit nun fast 60 Jahren die nach Jellinek. Unterschieden werden hier fünf verschiedene Trinker-Typen, welche mit den ersten fünf Buchstaben des Alphabets abgekürzt werden:

Alpha-Trinker
Beta-Trinker
Gamma-Trinker
Delta-Trinker
Epsilon-Trinker

Die Abgrenzungen hierbei sind sehr scharf und weichen oftmals von dem tatsächlichen Trinkverhalten ab, so dass man streng genommen diverse Mischformen mit fließendem Übergängen vorfinden kann. Die ersten beiden Typen gelten als nicht süchtig.

Weiterhin unterteilt Jellinek den Verlauf bzw die Entwicklung des Alkoholismus in vier Phasen:

Voralkoholische Phase
Anfangsphase
Kritische Phase
Chronische Phase

Wie auch bei der Typologie sind die Grenzen hier fließend und das Antreffen von Mischformen und Abweichungen nicht ungewöhnlich. Hier folgt nun die Zusammenfassung von Jellineks Modell. Die ausführliche Darstellung gibt es bei Bedarf im gut sortierten Fachhandel.

Trinkertypen

Alpha-Trinker
Der Alphatrinker trinkt, um seelische Belastungen leichter zu ertragen *(Problemtrinker)*. Es besteht keine körperliche Abhängigkeit, jedoch eine seelische. Das Trinkverhalten ist nicht mehr diszipliniert und es kommt bereits zu ersten sozialen Auffälligkeiten und Gesundheitsschäden.

Beta-Trinker
Der Betatrinker ist gesellschaftlichem Konsum nicht abgeneigt *(Gelegenheitstrinker)*. Er ist nicht süchtig, jedoch leicht zu verführen und handelt durch den hohen Konsum unverantwortlich gegenüber seiner Gesundheit.

Gamma-Trinker
Der Gammatrinker ist süchtig, körperlich mehr als psychisch *(Suchttrinker)*. Trinkt steigernd durch Toleranzentwicklung und es kommt zum Kontrollverlust. Exzessives Betrinken wie ein Fass ohne Boden ist die Regel, wechselt sich aber mit unauffälligen Phasen ab. Durch den ersten Schluck Alkohol wird ein unkontrollierbares Verlangen ausgelöst

   Anhang - Trinkertypen & -Phasen

und getrunken bis nichts mehr rein geht.

Delta–Trinker

Der Deltatrinker ist körperlich abhängig, von der Psyche her weniger *(Spiegeltrinker)*.
Er benötigt eine Grundmenge an Alkohol im Blut, um sich wohl zu fühlen, zu funktionieren. Deltatrinker können nicht abstinent leben, da heftige Entzugserscheinungen auftreten. Sie neigen nicht zum Kontrollverlust und zeigen keine Ausfallerscheinungen. Sie sind sozial eher unauffällig.

Epsilon-Trinker

Der Epsilontrinker ist psychisch abhängig und fällt durch periodisch *(Quartalssäufer)* exzessiv hohen Konsum auf. Er kann über Monate abstinent sein, gerät aber in seinen Trinkepisoden in den Kontrollverlust. Diese teils tagelang anhaltenden Trinkexzesse führen nicht selten zum sogenannten Filmriss.

Trinkerphasen

Voralkoholische Phase

Beginn des Konsums alkoholischer Getränke, meist im gesellschaftlichen Rahmen, gelegentliches Erleichterungstrinken. Die Erleichterung wird eher der Gesellschaft als dem Alkohol selbst zugeschrieben, weshalb die Gesellschaft, in der beiläufig getrunken wird, immer häufiger gesucht wird. In der Folge Toleranzentwicklung gegenüber dem Alkohol, gleichzeitig Toleranzminderung für seelische

Belastungen, somit wieder Grund zum Erleichterungstrinken. Für sich selbst und sein Umfeld unverdächtiges Trinken.

Anfangsphase
Der Konsument bemerkt, dass sein Konsumverhalten anders ist als bei anderen Konsumenten, wenn auch mehr unterbewusst. Es entwickeln sich Schuldgefühle, das heimliche Trinken beginnt; Ohne sich darüber richtig bewusst zu sein, kreisen die Gedanken immer mehr um Alkohol. Die Trinkgeschwindigkeit bei den ersten Gläsern nimmt zu, wie auch das Auftreten von Gedächtnislücken. Beginnt, in Gesprächen die Anspielung auf Alkohol zu vermeiden. Das Auftreten dieser Merkmale sollte dem Konsumenten eine dringende Warnung sein.

Kritische Phase
Der Kontrollverlust tritt ein. Ab der kleinsten Menge Alkohol im Körper wird das Verlangen nach diesem unwiderstehlich, bis kein Alkohol mehr aufgenommen werden kann *(zu betrunken, krank)*. In diesem Stadium liegt bereits eine Abhängigkeit vor, wenn auch unbewusst. Durch Kritik und Warnungen werden Ausreden und Alibis erfunden, die auch den Konsumenten selbst davon überzeugen sollen, die Kontrolle nicht verloren zu haben. Es werden ‚gute Gründe' gefunden zu trinken; Auch werden die abstinenten Phasen als Argument herangezogen, dass keine Abhängigkeit vorliegt – dies zum Teil aggressiv.
Der Selbstbetrug setzt ein, der sich nach und nach

auf das gesamte Leben ausbreitet.

Die Art des Konsums fällt der Umwelt zunehmend auf.

Freunde werden fallen gelassen und Arbeitsplätze gewechselt um der Kritik zu entgehen, die Isolation wird zwischenmenschlichen Beziehungen vorgezogen. Zunehmend setzen Schuldgefühle und Verbitterung über diese Umstände ein, welche wiederum mit Alkohol überlagert werden.

Um den Verlust der Selbstachtung zu kompensieren, wird übermäßige Selbstsicherheit vorgespielt und auf großer Spur gefahren. Dies nicht nur um andere, sondern auch sich selbst davon zu überzeugen, dass es doch gar nicht so schlecht um einen bestellt ist.

Die völlig abstinenten Phasen führen immer wieder in einen Rückfall, hier soll nun ein Trinksystem Abhilfe schaffen: Der Abhängige stellt sich selbst Regeln auf, wie nicht vor einer bestimmten Tageszeit oder nur an bestimmten Orten zu trinken, oder legt die für sich erlaubten Getränkearten fest.

Der Alkohol wird zentraler Bestandteil des Lebens. Es führt zu Verlust von anderen Interessen, die dem Alkohol im Weg sein könnten. Eine gedankliche Flucht, sich etwas schön zu denken setzt ein, was in einer geographischen Flucht münden kann.

Anlegen eines Alkoholvorrates, um Ladenöffnungszeiten und weite Wege zu den Bezugsquellen zu kompensieren. Die Vernachlässigung der eigenen Ernährung setzt ein, sie wird einseitig und sehr fetthaltig bzw kommt zum Stillstand. Der Sexualtrieb geht zurück, was zu Konflikten in der Beziehung

führt, ein Fremdgehen des Partners wird unterstellt. Erste Organschäden führen ins Krankenhaus und müssen stationär behandelt werden.
Durch regelmäßiges morgendliches Trinken folgen Gewissensbisse, ein Kampf zwischen Alkoholverlangen und Verpflichtungen. Der Alkoholiker verzweifelt zunehmend und kann ohne das Trinken nach dem Aufstehen, bzw. bereits vorher, den Tag nicht mehr beginnen. Ohne Alkohol kann er seiner Arbeit nicht mehr nachkommen.

Chronische Phase
Die zunehmend beherrschende Rolle des Alkohols führt zum verlängerten Rausch: Die Räusche werden häufiger, die Abstände dazwischen kürzer. Durch das morgendliche Trinken entstandene Verlangen ist schließlich jeder Widerstand des Alkoholikers gebrochen, er ist tagelang und bereits tagsüber betrunken.
Die Gleichgültigkeit gegenüber seiner Umwelt führt zu einem erheblichen Abbau. Das Denken ist durch Ausfallerscheinungen stark eingeschränkt, sachliche Überlegungen werden unmöglich. In diesem Stadium treten erste ‚alkoholische Psychosen‘ auf. Da finanzielle Mittel zur Befriedung des Verlangens oftmals nicht mehr ausreichen, werden Produkte wie Rasierwasser oder Kölnisch Wasser konsumiert.
Die eigenen Erklärungsversuche für den Konsum greifen nicht mehr, der Alkoholiker erkennt sein Fehlverhalten und seine konstruierte Welt bricht ein. Er flüchtet sich manchmal in religiöse Wünsche,

welche bis zum Wahn gesteigert werden können.
Es setzt der Verlust der Alkoholtoleranz ein, da der
Alkohol durch Organschäden nicht mehr abgebaut
werden kann. Bereits geringe Menge führen bereits
zu einem Vollrausch, welcher in seiner Wirkung allerdings immer kürzer wird. Der Trinkzyklus rotiert
immer schneller, das Trinken nimmt den Charakter
einer Besessenheit ein.
Massive Entzugserscheinungen treten auf, sofern
der Blutalkoholspiegel absinkt. Nervenschäden *(Polyneuropathie)* treten auf und sind von Dauer. Ernsthafte Organschäden wie die Leberzirrhose bis zum
Versagen setzen ein.
Zusammenbrüche sowohl seelischer als auch körperlicher Natur ergeben sich als Folge der organischen Schäden, als auch aus der erkannten
Niederlage. Diese sind oftmals so schwer, dass sie
klinisch behandelt werden müssen. Selbstmordversuche sind hier nicht selten.
Im Rahmen von Entzugserscheinungen tritt das Alkoholdelir auf, ein hochgradiger Verwirrtheitszustand mit Wahnvorstellungen und schwerer
motorischer Unruhe sowie evtl. Fieber. Ohne Behandlung kann der Verlauf tödlich ausgehen.
Dies gilt als Endstufe und kann das Korsakow Syndrom erreichen, als Folgezustand schwerer Hirnschädigungen. Dieser Zustand ist irreparabel.

Fallbeispiel

Wir wollen Jellinek nicht widersprechen, schließlich
sind Typen und Phasen ein quasi-Standard in die-

sem Zusammenhang. Was wir aber tun können, ist ihn zu ergänzen:

Weder lässt sich der Typus so scharf abgrenzen, noch kann so ein ‚harter' Übergang von einer Phase in die andere mit jedem Individualfall in Einklang gebracht werden. Bei genauer Betrachtung vermischen sich die Typen und die Übergänge der einzelnen Phasen verschwimmen zusätzlich.

Hierzu konstruieren wir uns einen Patienten, wie er in der Entgiftung angetroffen werden könnte *(Frei erfunden; Etwaige Ähnlichkeiten sind Zufall und keiner Person gewollt zuzuordnen!)*:

Körperliche Anamnese:
41-jähriger, männlicher Patient, guter körperlicher Allgemeinzustand mit Ausnahme zu hoher Leberwerte bei gesicherter Diagnose einer Fettleber mit Alkoholhepatitis. Keine Anzeichen einer Leberzirrhose. Reflexe unauffällig, räumliche und zeitliche Orientierung regelrecht. Er habe bereits seit mehreren Wochen Durchfall und die Ernährung sei einseitig bis teils eingestellt.
Aufnahme erfolgte morgens um ca. neun Uhr mit 2,38 Promille Atemalkohol. Kein Delir, keine Krampfanfälle bislang aufgetreten. Entzugserscheinungen: Zittern, Unruhe, Übelkeit mit trockenem Erbrechen, Schweißausbrüche, Schwindelgefühl und Kreislaufstörungen, eine als ‚*1000 Ameisen unter der Haut*' beschriebene Wahrnehmungsstörung an den Extremitäten.

 Anhang - Trinkertypen & -Phasen

Soziale Anamnese:
Wohnhaft bei einer Freundin, vorherige Wohnung in einer WG kurzfristig aufgeben müssen. Verlust des Arbeitsplatzes vor wenigen Monaten, nachdem erst kurzfristig gewechselt aus einem zerstrittenen Arbeitsverhältnis, seitdem alkoholbedingt arbeitsunfähig. Sohn, 10 Jahre alt, kein Kontakt wie zur gesamten Familie, brach vor drei Jahren ab. Kontakte im Freundes- und Bekanntenkreis weitestgehend eingestellt. Vor einem Jahr zur Partnerin in 500km Entfernung gezogen, ebenfalls alkoholabhängig und darin Rechtfertigung für eigenes Trinkverhalten gefunden, Umgangskreis dort überwiegend stark vom Alkohol geprägt. Nach wenigen Monaten Trennung, auch bedingt durch zu hohen Konsum; Stationäre Behandlung einer akuten Alkoholintoxikation und wenig später Umzug zurück zu vorherigem Wohnort. Aktuell in keiner Partnerschaft.

Sucht Anamnese:
Trinkt seit Jahren täglich. Seit etwas mehr als einem Jahr rund um die Uhr, gibt an, bereits vor dem Aufstehen trinken zu müssen, um ‚zu funktionieren‘ und die körperlichen Entzugserscheinungen zu überwinden, nahezu täglicher Kontrollverlust und Ausfallerscheinungen zum Abend hin. Seit Umzug zurück habe sich der Konsum abermals erhöht und der Vollrausch sei täglich eingetreten. Als Getränke werden Bier und Wein angegeben, die Menge Bier vor der ersten Entgiftung soll bei rund 12-15 Litern

am Tag gelegen haben. Diese sei zurück gegangen auf ca. 5-6 Liter, allerdings mit gleichzeitigem Missbrauch von Benzodiazipinen, Lorazeparm. Drei Entgiftungen bislang, längste Abstinenzphase nach einer Entgiftung wird mit sechs Wochen angegeben, ohne Entgiftung in den letzten Jahren kein abstinenter Tag möglich.

Beurteilung:
Nach den Typen nach Jellinek ergibt sich zunächst einmal auf den ersten Blick ein Süchtiger, der bereits unter schweren Entzugserscheinungen leidet, also körperlich abhängig ist und täglich beinahe bis zum Exodus trinkt.
Hier vermengen sich Gamma und Deltatrinker. Der Grundspiegel im Blut muss gehalten werden, während sich tägliche Vollräusche ergeben, auch durch zusätzlichen und lebensgefährlichen Konsum von Benzos. Da Abstinenz hier unmöglich ist, liegt keine Vermengung mit dem Epsilontrinker vor.

Schauen wir uns nun die Phasen genauer an: Der soziale Rückzug ist bereits eingetreten, der Arbeitsplatzwechsel und -Verlust ist vollzogen. In der neuen Partnerschaft, zu der geografisch geflohen wurde, sowie deren Umfeld wird die Rechtfertigung für den hohen Konsum gefunden „Die doch auch alle, also ist das normal,". Ein erster Zusammenbruch endete im Krankenhaus, auch mit einem noch reversiblen Vorschaden der Leber.
Der Konsum gerät völlig aus der Kontrolle und manifestiert sich rund um die Uhr mit täglichen Abstür-

zen. Massive Entzugserscheinungen treten ein, eins davon kann auch Polyneuropathie sein. Der Rausch wird häufiger und die Abstände kürzer.
Der erste Absatz hat Elemente aus der kritischen Phase, der zweite aus der chronischen. Hier zeigt sich eine Art Zwischenschritt, in der die kritische Phase noch nicht abgeschlossen ist und sich der Eintritt in die chronische schleichend vollzieht. Auch treten bei weitem nicht alle Symptome auf, es sind KANN- Bestimmungen, welche die einzelnen Phasen charakterisieren.

„Abschließend sei noch hinzugefügt, dass der hier gewählte Übergang die wohl letzte Chance ist für die Erkenntnis, sofort die Notbremse zu ziehen und sich dringend professionelle Hilfe zu suchen. Die ersten Nägel stecken bereits im Sarg und der Weg zur eigenen Beerdigung ist von hier aus nicht mehr all zu weit entfernt…"

was wir auf den vergangenen ca. 110 Seiten alles zu lesen bekommen haben, ist wirklich unterirdisch - und wissen Sie was?
Es reicht. Fassen Sie mal bitte mit an:

Anhang B: Fristlose Kündigung

Firma
Homo oeconomicus gGmbH
Hr. Dr. präf. Ron Taler-Cortex
Allee der Zukunft 10-12
12548 Berlin

Herr
Anton Alkohol
Niemannsweg 13
10058 Potsdam

FRISTLOSE KÜNDIGUNG

Sehr geehrter Herr Alkohol,

hiermit kündigen wir das bestehende Arbeitsverhältnis fristlos. Als langjähriger und geselliger Mitarbeiter an den Schnittstellen aller relevanten Abteilungen schätzten wir Sie für Ihren Einsatz, bis weit über die Regelarbeitszeit hinaus, sehr. Sie sorgten bei außerdienstlichen Veranstaltungen stets für gehobene Stimmung mit guter Laune, was uns so manch gelungene Weihnachtsfeier bescherte.
Darüber hinaus möchten wir uns auch für Ihr ausgeprägtes Engagement bei externen Meetings bedanken, wodurch wir zahlreiche vitale Geschäftsabschlüsse für uns verbuchen konnten.

Im Laufe der letzten Jahre haben Sie jedoch bei

einer Vielzahl unserer Mitarbeiter Ihr hohes Ansehen verloren. Sie stören durch Ihre Handlungen zunehmend den ordnungsgemäßen Betriebsablauf und somit das Wohlbefinden unserer Mitarbeiter, so dass diese ihre Arbeit nicht mehr ordnungsgemäß erledigen können. Hierfür wurden Sie in mehreren Fällen bereits abgemahnt.

Als erstes sah sich bereits vor einigen Tagen die Leiterin unserer Gebäudereinigung, Frau Leber, durch permanente Überforderung bereits dazu gezwungen, sich krank zu melden. Dies durch den deutlich erhöhten Arbeitsaufwand, welchen Sie verursacht haben durch nicht sachgemäße Nutzung des Inventars. Insbesondere weil Sie eine große Menge fetthaltiger Abfälle zurück lassen. Die hierfür vorgesehenen Lagerflächen sind trotz derer Verdoppelung bereits an ihre Grenzen gestoßen.
Ihr Stellvertreter, Hr. Milz, hat diese Aufgabe zum Teil übernommen, aber ist dieser nur kurzfristig gewachsen und leidet sehr unter dem Mehraufwand, weswegen mit einem weiteren baldigen Ausfall zu rechnen ist. Wie unsere Betriebsrätin, Frau Limbi Amygdala bereits deutlich monierte, droht uns hier der Verlust einer ganzen Abteilung. Diese zu verlieren ist nicht hinnehmbar.
Ferner klagt unsere Frau zur Neumann-Sonne, liebevoll ZNS'si genannt, in unserer internen logistischen Abteilung über zunehmende Schwierigkeiten bei der Weiterleitung wichtiger Nachrichten vom Head Office an die untergeordneten Abteilungen, da hier vermehrt grober Unrat von Ihnen im Wege

liegt.
Frau Magen hat sich heute früh zu einem Arztbe-
such, aufgrund von einer von Ihnen verursachten
ständige Übelkeit, zunächst abgemeldet. Wir sind
besorgt, dass ihre Kollegen, die Herren Dünn und
Dick Darm den Workflow der Entsorgungsabteilung
ohne Vorarbeiterin nicht überblicken und zu keinem
handfesten Ergebnis bringen.
Weiterhin ist uns aufgefallen, dass Herr Oeso Pha-
gus aus dem Wareneingang in der letzten Zeit sehr
oft sauer und schmerzhaft aufstößt aufgrund der
von Ihnen bestellten Mittel, welche bereits ab dem
frühen Morgen angeliefert werden.
Darüber hinaus klagen die Zwillingsschwestern Li
und Re Beinchen zunehmend über unerklärliche
Schmerzen und Kribbelgefühl sowie zeitweiser
Taubheit. Besonders letzteres betrachten wir kri-
tisch, da beide laufend am Empfang eng beieinan-
der sind und den Publikumsverkehr betreuen
sollen, jedoch zeitweise ohne Hörfähigkeit.

Der Leiter unseres strategischen Einkaufes, Herr
Hypo Thalamus, wies die Geschäftsführung zusätzlich darauf hin, dass unser innerbetriebliches Problem, verursacht durch Sie, bereits erste
außerbetriebliche Auffälligkeiten zeigt. Dies äußert
sich dadurch, dass sich wichtige Geschäftspartner
von uns abwenden und nach Alternativen zu uns
umsehen.

Da sich somit der ganze Betrieb mit seinen Mitar-
beitern in ernsthafter Gefahr befindet, bleibt uns

keine andere Wahl, als Ihnen die fristlose Kündigung auszusprechen. Ferner fühlen sich einige unserer Mitarbeiter von Ihnen bedroht, daher sprechen wir Ihnen darüber hinaus hiermit ein Haus- und Grundstücksverbot aus.

Wir wünschen Ihnen für Ihre Zukunft viel Erfolg und alles Gute

Dr. präf. Ron Taler-Cortex, Geschäftsführer

Zur Belohnung gibt es eine Führung durch das Firmengebäude von Homo oeconomicus:

Clausi-Mausi v1.51

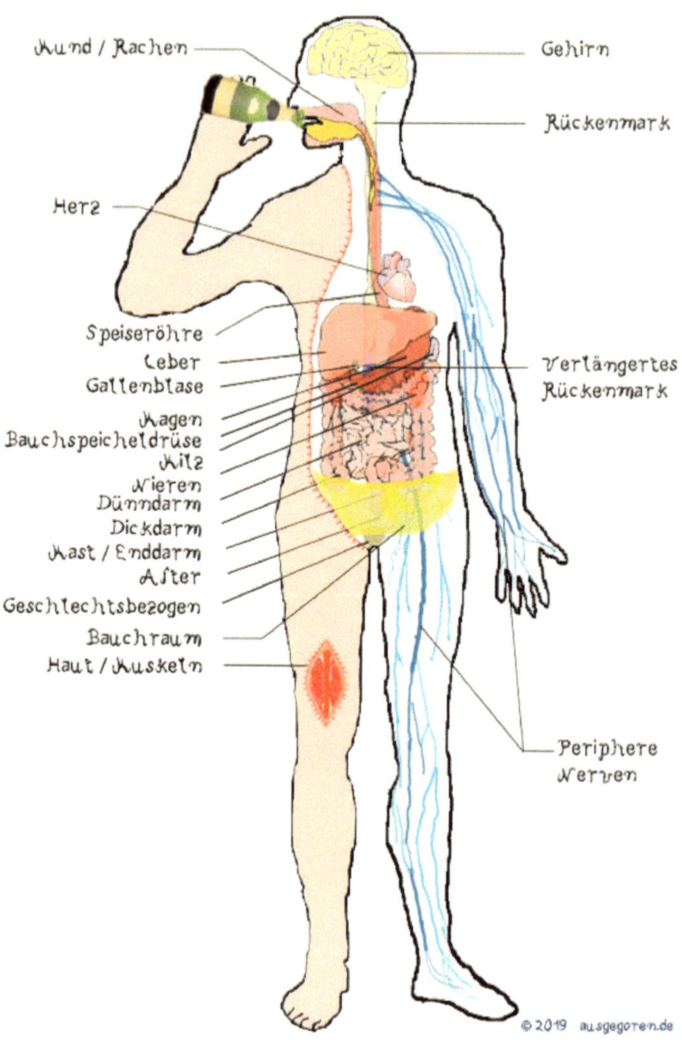

Anhang C: Glossar mit Claus

Nachdem unser ehemaliger Kollege nun das Haus verlassen durfte, sehen wir uns abschließend noch an, welche Abteilungen überhaupt mit welchen Funktionen in welcher Etage sitzen.

Die vielfältigen dauer-Suff-bedingten Folgeerkrankungen haben wir hier ansehnlich auf dem Silbertablett angerichtet. Als Beilage servieren wir noch weitere Erscheinungen im Zusammenhang mit Alkohol. Kommen Sie näher, wir haben für Sie keine Kosten und Mühen gescheut. So findet sich für jede auch noch so absonderliche Geschmacksrichtung bestimmt etwas passendes:

Von A wie Aszitis (prall gefüllt) bis Z wie Zirrhose *(nicht nur gut, sondern völlig durch)* zieht sich der Wahnsinn in Tüten quer durch den (OP)-Saal. In der Kantine gibt es dagegen wieder nur Nieren, eingelegt in körpereigener Rotweinsauce. Und wenn Sie auf der Kirmes gebrannte Mandeln sehen, denken Sie doch einfach mal an Clausi-Mausi. Also nun, auf geht's - mit Messer und Gabel ran an die Fettleber und guten Appetit.

Anhang - Glossar mit Claus

Aszitis

Die übermäßige Ansammlung von (meist klarer) Flüssigkeit im Bauchraum wird als Aszitis oder auch Wasserbauch bezeichnet. Bei gesunden Menschen beträgt die Menge zwischen 50-70ml.

Die häufigste Ursache mit rund 75% ist die Leberzirrhose, welche zu einem Hochdruck in der Pfortader führt. In der Konsequenz tritt Flüssigkeit aus den Blutgefäßen in den Bauchraum über. Als eine weitere Ursache gilt die Pankreatitis.

Als Komplikationen sind Luftnot, Darmwandhernien und erhöhtes Risiko von Varizenblutungen zu nennen.

Eine lebensgefährliche Komplikation ist die sog. spontane bakterielle Peritonitis (SBP): Durch eine Diffusion in der Darmwand gelangen Darmbakterien in den Bauchraum und lösen diese Infektion aus. Andere Studien sagen aus, dass die gefundenen Bakterien nicht dem Darm zuzuordnen waren und sich bereits in der Flüssigkeitsansammlung befunden hätten. Die Wahrscheinlichkeit, dass die Peritonitis tödlich verläuft, liegt bei bis zu 50%.

Blut-Hirn-Schranke

Die Blut-Hirn-Schranke (=BHS) besteht aus selektiven Membranen, welche das Zentrale Nervensystem (=ZNS, also Gehirn und Rückenmark) vom übrigen Blutkreislauf hermetisch abriegeln. Diese Membran hat die Aufgabe, Nährstoffe und Sauerstoff an die Nervenzellen durch- und Stoffwechselprodukte zurück zu leiten; Jedoch Schadstoffe, Viren und Bakterien an einer Passage in diese

Areale zu hindern.

Durch sein geringes Molekulargewicht kann Alkohol diese Barriere problemlos durchdringen. Der langfristige Alkoholkonsum beschädigt diese BHS und führt zu erhöhter Durchlässigkeit. So können als Folge verhaltensneurologische Erkrankungen und Entzündungen im Gehirn auftreten. Ferner wird die Anfälligkeit für bakterielle Infektionen erhöht. Eine Entzündung der Hirn- und/oder Rückenmarkshaut zum Beispiel stellt eine lebensbedrohliche Komplikation dar.

Schädigend ist ein bestimmtes Stoffwechselprodukt des Alkohols, nicht der Alkohol selber. Weiterhin wird durch die durch das MEOS produzierten freien Radikalen die BHS zusätzlich in Mitleidenschaft gezogen.

Bluthochdruck

Kurzfristig erweitert Alkoholkonsum die Gefäße, was unter anderem die Gesichtshaut erröten lässt. Dies hat zunächst eine Senkung des Blutdrucks zur Folge.

Bereits geringe Mengen, 30g beim Mann und 20g bei der Frau, lassen diesen jedoch ansteigen. Weitere Faktoren gehen mit diesem Anstieg einher, wie Zustände der Erregung wie Ärger oder Wut, welche nicht selten der Auslöser für akuten Konsum sind. Zigarettenkonsum, welcher ebenfalls oft mit dem Alkoholkonsum zusammen hängt und steigt, wirkt sich ebenfalls ungünstig aus.

Ein dauerhaft hoher Blutdruck begünstigt eine ganze Reihe von ernsthaften Erkrankungen wie

Herzinfarkt, Schlaganfall und Nierenschäden.

Darmkrebs
Neben den gutartigen Darmpolypen, welche sich bei stetigen Alkoholgenuss zwei bis dreimal so oft bilden, wie sonst, steigt die Wahrscheinlichkeit für Krebs hier um das dreifache. Hierfür dürfte die Kombination mehrerer Vorgänge verantwortlich sein:
Zum einen schädigt der im Blut vorhandene Alkohol die Schleimhautzellen. Zum anderen gelangt mittels Diffusion Alkohol aus der Blutbahn direkt in den Enddarm, wo dieser von dort ansässigen Bakterien verdaut wird, und giftige Abbauprodukte hinterlässt. Ebenfalls gelangen auf diesem Wege weitere krebserregende Getränkeinhalte direkt in den End-darm.
Ethanol sorgt bei stetigem Konsum dafür, dass sich die Schleimhautzellen ungewöhnlich oft teilen, was diese besonders anfällig für giftige und krebserre-gende Substanzen macht.

Delirium tremens
Das Delirium tremens kann nach jahrelangem Alko-holmissbrauch bei Entzug auftreten. Es wird auch als Alkoholdelirium bezeichnet. Hierbei handelt es sich um eine ernsthafte, lebensbedrohliche Kompli-kation des Entzugs.
Charakteristisch für ein Delir ist das starke Zittern (=Tremor). Weiterhin sind der Blutdruck und die Atemfrequenz erhöht, Halluzinationen und Angst-zustände und Panikattacken können auftreten, Ori-

entierungsstörungen mit Verwirrtheit und Bewusstlosigkeit bis hin zum Koma.

Depressionen
Alkohol und psychische Erkrankungen gehen oftmals mit einander einher. Eine Depression kann die Ursache für Alkoholkonsum sein, indem versucht wird, das individuelle Unglück zu ertränken. In anderen Fällen wird der Alkohol – zum einen durch permanente Überstimulation u.a. der Serotoninausschüttung im Gehirn, zum anderen durch sozialen Abstieg und Selbsthass – selbst zum Auslöser der Depressionen.
In dieser Endlosschleife erfolgt wiederum ein Rückzug, welcher den Alkoholkonsum weiter verschärft. Die Formen der Depressionen sind mannigfaltig und in verschiedene Schweregrade einzuteilen. Beim Vorliegen von D. ist ärztliche und therapeutische Hilfe dringend angeraten, da diese in schweren Verlaufsformen im Suizid enden können.

Enteritis
Der Alkohol gelangt überwiegend vom Dünndarm aus in den Blutkreislauf. Wie auch im Magen wirkt der Alkohol hier toxisch auf die Zellen und löst Entzündungen (= Enteritis) aus, was die Durchblutung des Dünndarms behindert. Werden diese chronisch, schwindet die Oberfläche des Darmabschnittes und der Konsum wirkt sich zusätzlich negativ auf die Zellerneuerung aus. Dem Körper werden in der Folge die notwendigen Nährstoffe nicht mehr in der benötigten Menge zugeführt. Daraus resultiert

     Anhang - Glossar mit Claus

wiederum eine Störung des Wasser- und Elektrolythaushaltes sowie ein Anreichern von Bakterien, die sonst nicht in dieser Darmregion zu finden sind.

Durch die geschädigte Schleimhaut gelangen vermehrt schädliche Stoffe ins Blut, unter anderem Endotoxine, also bakterielle Gifte. Auf diese quasi Blutvergiftung reagieren Immunzellen und setzen wiederum entzündliche Stoffe im Blut frei, die auch die Leber und die Bauchspeicheldrüse in Mitleidenschaft ziehen.

Die durch chronischen Alkoholmissbrauch bedingten Leber- und anderen Organschäden dürften zum wesentlichen Teil auf Verdauungsstörungen im Dünndarm zurück gehen.

Entzugserscheinungen

Wird die Substanz abgesetzt, treten bei Abhängigen unterschiedliche Entzugserscheinungen auf, die sowohl seelischer als auch körperlicher Natur sind. Diese können sehr heftige bis lebensbedrohliche Ausmaße annehmen.

Durch die Gewöhnung des Körpers an die Substanz verändern sich zB bestimmte Nervenzellen (= Rezeptoren) im Gehirn, die für Reizverarbeitung verantwortlich sind. Bei schlagartigen Absetzen der Substanz treten massive Fehlregulationen auf, die sich als Entzugserscheinungen äußern.

Die körperlichen Entzugserscheinungen setzen wenige Stunden nach dem Zuführen der letzten Dosis ein und erreichen ihren Höhepunkt nach ca. 24 Stunden:

Zittern, Schweißausbrüche, Schwäche, Gliederschmerzen, Schüttelfrost, Kreislaufstörungen, (trockenes) Erbrechen, Temperaturschwankungen, schwere Krampfanfälle sowie akute Geistesstörungen und Delir.

Die seelischen Entzugserscheinungen dauern erheblich länger an, d.h. über Monate bis hin zu Jahren. Sie äußern sich in Unruhe, Angst, Drang zum erneutem Konsum (=Suchtdruck, sog. „Craving"), Depressionen bis hin zu Selbstmordgedanken

Fetales Alkoholsyndrom

Als fetales Alkoholsyndrom (FAS) bezeichnet man eine Reihe Schädigungen eines Kindes, die durch den Alkoholkonsum der Mutter während der Schwangerschaft verursacht wurden. Diese können sowohl körperlich als auch kognitiv sein. Eine Alkoholabhängigkeit ist hierzu keine Voraussetzung.

Bedingt durch die noch nicht vollständig ausgebildeten Organe (und der damit einhergehenden verminderten Stoffwechselfähigkeit) hält die berauschende und schädigende Wirkung des Alkohols beim Embryo oder Fötus erheblich länger an. Hat die Mutter z.B. nach 18 Stunden wieder 0,0 Promille erreicht, so kann das ungeborene Kind einem 72-stündigen Vollrausch ausgesetzt sein.

Bereits Gelegenheitskonsum kann nachstehende Folgen haben:

– Als körperliche Merkmale sind ein zu kleiner Kopf, Minderentwicklung des Gehirns, Minderwuchs, Gesichtsdeformationen, Herzfehler, Bewegungsstörungen, mangelhafte Muskelentwicklung und Schielen am häufigsten.

– Kognitive Schäden wie geistige Behinderung, Epilepsien, Verhaltensstörungen und Entwicklungsverzögerungen können auftreten.

Fettleber

Ein erstes Anzeichen für Schädigungen der Leber durch Substanzmissbrauch ist die Fettleber. Diese organische Veränderung kann auch andere Ursachen haben, auf die hier nicht näher eingegangen wird.

In der Regel lagert die Leber Fett in die Leberzellen ein (siehe hierzu MEO System), wodurch sie selbst an Größe zunimmt. Diese Vergrößerung ist reversibel, also noch umkehrbar, indem die Zufuhr der auslösenden Substanzen dauerhaft unterbunden wird. Diese Fettablagerungen lassen sich meist gut über Ultraschall zweifelsfrei feststellen. Der normale Fettgehalt der Leber liegt bei ca. 5%. Bei der alkoholbedingten Fettleber bei über 50%.

Werden dazu noch bestimmte Leberwerte als erhöht festgestellt, ist das ein Anzeichen einer Entzündung. In diesem Fall spricht man bereits von einer Fettleberhepatitis. Bei fortgesetztem Substanzmissbrauch kann sich hieraus eine Leberzirrhose entwickeln, der Prozess dort hin wird als Leberfibrose bezeichnet.

Hepatitis

Über die Fettleber hinaus kann sich bei fortgesetztem Alkoholkonsum die Leber entzünden. Diese sogenannte alkoholische Hepatitis ist gefährlich, da sie sich recht unauffällig als bereits chronische Entzündung zu einer Leberzirrhose entwickeln kann. Weiterhin kann in diesem Stadium die Leber auch als schwere Akuterkrankung versagen. Die chronische Entzündung führt im Endstadium zu einer vollständigen Vernarbung der Leber (Zirrhose), deren Komplikationen tödlich Verlaufen.

Da die Leber über keine Möglichkeit zur Schmerzempfindung verfügt, bleibt ein solcher Verlauf häufig unbemerkt. Allerdings können Symptome wie Müdigkeit, Appetitsverlust und erhöhte Anfälligkeit für Infektionen ein Anzeichen dafür sein.

Impotenz

Neben der akuten Rauschphase, in der oftmals nicht nur der Konsument selber nicht mehr stehen kann, sind Schäden durch dauerhaften Konsum ein ernsthaftes Problem.

Alkohol ist ein starkes Nervengift, welches in der Folge Erkrankungen wie die Polyneuropathie auslöst. Die hierbei absterbenden Nervenzellen führen zu der Konsequenz, dass auch die für die Erektion verantwortlichen Nervenreize nicht mehr richtig weiter geleitet werden können.

Da ferner Depressionen auch mit Alkoholkonsum in einem direkten Zusammenhang stehen, können sich diese ebenfalls durch Antriebslosigkeit auf die Libido auswirken. Gegen Depressionen werden Medikamente eingesetzt, die stark in den Hirnstoffwechsel eingreifen. Dies kann ebenfalls zu Potenzstörungen bis zur (vorübergehenden) Impotenz führen.

Kontrollverlust

Mit Kontrollverlust ist in diesem Zusammenhang nicht der Verlust der Kontrolle über diverse Körperfunktionen im Rauschzustand gemeint.
Der Kontrollverlust zeigt sich bei Abhängigen dann, wenn nach Zuführung einer ersten noch so geringen Menge Alkohol diese zwangsläufig weiter trinken müssen.
Dabei verlieren sie die Kontrolle über Beginn und Ende des Trinkens sowie über die zugeführte Menge: Es wird weiter getrunken, bis kein Alkohol mehr verfügbar ist oder beschafft werden kann, bzw. wegen zu starker Intoxikation nicht mehr getrunken werden kann.
Der Kontrollverlust gilt als eindeutiges Merkmal der Alkoholkrankheit.

Korsakow Syndrom

Oder auch Morbus Korsakow genannt; ist eine degenerative und irreversible Erkrankung der Hirnregionen, welche für Gedächtnis und Orientierung verantwortlich sind. Korsakow wird durch langjährigen Alkoholmissbrauch oder auch durch andere psychotrope Substanzen verursacht.
Vordergründig handelt es sich um eine Amnesie, welche sowohl das Vergessen vorhandener Gedächtnisinhalte als auch die Unfähigkeit zum Merken von neu erlebtem charakterisiert. Da Alkoholiker ihren Energiebedarf oftmals mit Alkohol alleine decken, tritt hier im Rahmen des Vitamin B1-Mangels bereits die Vorstufe zum Korsakow Syndrom auf.

Diese Gedächtnis-Beeinträchtigungen führen oft dazu, dass sich Patienten in ihrer Umgebung nicht mehr zurecht finden. Schädigungen des zentralen Nervensystems führen zu weiteren psychiatrischen Erkrankungen.

Krebserkrankungen, diverse
Wer regelmäßig Alkohol trinkt, also missbräuchlich konsumiert, hat ein erhöhtes Risiko für bestimmte Krebsarten. Dies ist nachgewiesen, wie auch die Kausalität zur Dosis.
Diese Krebserkrankungen betreffen hauptsächlich:
– die Mundhöhle und den Rachen,
– die Brust,
– den Kehlkopf und die Speiseröhre,
– der Bauchspeicheldrüse,
– der Leber,
– des Dick- und Enddarms.
Alkohol, genauer Ethanol, gilt selbst nicht als krebserregend. Allerdings wird er beim Abbau im Körper in Acetaldehyd oxidiert, welches zu Mutationen und somit auch zu Krebs führen kann. Zum anderen steht Alkohol in dem Verdacht, die krebserregende Wirkung anderer Substanzen zu begünstigen bzw zu ermöglichen.

Leberfibrose
Das Stadium, in welchem eine Fettleber nach und nach in eine Leberzirrhose umgebaut wird, bezeichnet man als Leberfibrose. Im Prinzip ist dieser Vorgang mit jedem Gewebe denkbar; Im Kontext dieser Seite beziehen wir uns auf die Leber, welche

durch die permanente Vergiftung durch Alkohol die bekannteste Form darstellt.

Dieser Umbauprozess ist eine Folge des ständigen Absterbens und neu Entstehens von Leberzellen, welches eine knotenartige Struktur hinterlässt.

Im Grunde genommen wird funktionsfähiges Lebergewebe nach und nach in funktionsloses Bindegewebe umgebaut. Hierdurch wird die Leber in ihrer Funktionalität zunächst immer mehr beeinträchtigt, bis diese letzten Endes zerstört wird. Die hier entstehenden Schäden sind bereits unumkehrbar, jedoch kann eine vollständige Leberzirrhose in diesem Stadium noch abgewendet werden.

Leberzirrhose

Eine Leberzirrhose (Schrumpfleber) stellt das Endstadium einer, in diesem Zusammenhang gesehen, fortschreitenden Fettleber mit chronischer Hepatitis dar.

Dieses Stadium ist irreversibel. Hierbei vernarbt das Lebergewebe und die Leber selbst schrumpft; der Zwischenschritt von der Fettleber zur vollständigen Leberzirrhose wird als Leberfibrose bezeichnet.

Dadurch ist die Durchblutung der Leber gestört, was zum Blutstau in der Pfortader führt. Dieser Stau wiederum verursacht im weiteren Verlauf Varizen und eine Splenomegalie.

So ist der Ammoniakstoffwechsel bei einer Leberzirrhose um bis zu 75% reduziert. Das ammoniakhaltige Blut sucht sich durch den Pfortaderhochdruck einen anderen Weg zur unteren Hohlvene. Da das Blut sich somit immer weiter mit Schadstoffen anreichert, gelangen diese letztlich ins Gehirn, indem sie die Blut-Hirn-Schranke überwinden und giften dort aus. In der Folge treten Konzentrationsstörungen und Einschränkungen des logischen Denkens, über Bewusstlosigkeit bis hin zum (hepatischen) Koma auf.

In diesem Stadium wird der Körper kontinuierlich ohne weitere Alkoholzufuhr vergiftet.

Bei einer Leberzirrhose im Endstadium ist der Patient in akuter Lebensgefahr.

Magengeschwür

Ein Magengeschwür (Ulcus ventriculi, Kurzform Ulkus) kann die Folge vom Konsum hochprozentigen Alkohols sein. Die Magenschleimhaut wird durch ein Ungleichgewicht zwischen körpereigenem Magenschutz und Verdauungsenzymen verletzt und tiefere Stellen der Magenwand beschädigt. Dadurch, dass hochprozentiger Alkohol zu Magenschleimhaut-Entzündungen führt ist dieser in der Lage, dieses Ungleichgewicht zu verursachen.

Es kann zu teils lebensgefährlichen Komplikationen wie Durchbruch durch die Magenwand (Perforation) oder Blutungen des Geschwürs kommen. Bei einer Perforation kann die ätzende Magensäure in den Abdominalbereich eindringen und beispielsweise die Magenvene regelrecht verdauen. Diese Komplikation verläuft meist als tödliche innere Blutung. Aus etwa 3% der chronischen Magengeschwüren folgen Magenkrebs.

Der überwiegende Teil der Betroffenen leidet an der rezidivierenden, also wiederkehrenden, Form.

Diese Form wird durch eine Leberzirrhose begünstigt.

MEO System (=MEOS)

Das MEO System ist keine Krankheit; In Entwicklung und Verlauf der Alkoholkrankheit spielt es eine
entscheidende Rolle und ist somit Bestandteil dieser Übersicht.

Der Abbau von Alkohol im Körper erfolgt im Normal-
fall über die sogenannte Akoholhydrogenase
(=ADH). Bei permanent hohem Alkoholkonsum wird
in der Leber ein weiteres System aktiviert, welches
unabhängig vom ADH ebenfalls Alkohol verstoffwechselt: Das Mikrosomale Ethanol oxidierende
System (=MEOS), dessen primäre Aufgabe darin
besteht, den Körper vor einer akuten Alkoholvergif-
tung zu schützen. Bei Aktivierung dieses Systems
liegt zunächst eine Arbeitsteilung von 90% ADH und
10% MEOS vor. Letzteres wird kontinuierlich mit an-
haltender Giftzufuhr ausgebaut, so dass es Werte
von bis zu 60% erreichen kann. Dies ist der Grund-
mechanismus der Toleranzentwicklung:

So baut der Körper mit Hilfe dieses Systems deutlich mehr als die sonst üblichen ca. 0,15 Promille
Alkohol ab, es werden Werte um die 0,35 Promille
erreicht.

MEOS hat ein Gedächtnis und bildet die einmal in-
stallierte Abbaufähigkeit auch nach jahrelangen
Abstinenzphasen nicht mehr zurück. Für einen
Rückfall bedeutet dies, dass die einmal erworbene
Toleranz wieder zur Verfügung steht und vom Kon-
sumenten große Mengen ab dem ersten Glas ver-

tragen werden. Der Druck, weiter zu trinken ist damit programmiert und der Rückfall eskaliert letztlich in noch größere Mengen.

Ferner baut dieses System Kreuztoleranzen aus: Alkohol als ,Downer' häng am GABA Rezeptor, wie auch diverse Medikamente (z.B. Benzodiazepine). Hier werden ebenfalls höhere Dosen für die gleiche Wirkung benötigt, was zu weiteren Komplikationen beim Abbau führt: Die Verstoffwechselung anderer Substanzen kann verlangsamt oder zu toxischen Produkten abgebaut werden.

Zusätzlich wird der Körper mit freien Radikalen, welche bei der Oxidation im ADH anfallen, lawinenartig überflutet. Freie Radikale versetzen übriges Gewebe in oxidativen Stress und können eine Kettenreaktion auslösen, die Zellen und Gewebe schädigen oder gar zerstören. Ferner können durch Veränderungen der DNA degenerative Mutationen und Krebs entstehen.

Das MEOS beeinflusst auch den Fettstoffwechsel der Leberzellen, wodurch es als eine maßgebliche Ursache für die Entstehung einer Fettleber gesehen wird.

Im fortgeschrittenen Stadium wird dieses System, wie auch die ADH, überstrapaziert und kollabiert letztlich. Diesen Prozess nennt man ,Toleranzbruch' und stellt eine stark reduzierte Leberfunktion dar (siehe ,Leberzirrhose,), in dem (fast) kein Alkohol mehr verstoffwechselt werden kann. Zum Anderen wird das alkoholhaltige Blut durch Umgehungskreisläufe an der Leber vorbei geführt (Siehe ,Varizen,), womit es nicht mehr entgiftet wird. Als

Konsequenz führen bereits minimale Alkoholmengen zu einem Vollrausch.

Pankreatitis

Ist der medizinische Begriff für die Entzündung der Bauchspeicheldrüse, welche im chronischen Verlauf in bis zu 80% der Fälle vom übermäßigen Alkoholkonsum verursacht wird. Sie beginnt oft mit nur leichten Beschwerden und schreitet langsam voran. Ein typisches Symptom sind ausstrahlende Schmerzen im Oberbauch, welche während oder nach den Mahlzeiten auftreten und tagelang anhalten können.

Durch die permanente Entzündung kann die Pankreas ihren Aufgaben immer weniger nachkommen, wie die Herstellung von Verdauungsenzymen und Insulin, wodurch letztlich eine Diabetes ausgelöst wird. Zudem verkürzt eine chronische P. die Lebenserwartung deutlich.

Häufig gehen mit der Erkrankung Verkalkungen einher, die den Ausgang der Pankreas verengen können. Hierdurch können die Verdauungsenzyme nicht mehr weiter geleitet werden, und die Pankreas beginnt sich und ihre Umgebung selbst zu verdauen.

Im Spätstadium entwickelt sich durch die zunehmende Zirrhose eine Insuffizienz.

Im chronischen Verlauf kann sich Bauchspeicheldrüsenkrebs bilden.

Polyneuropathie

Als Polyneuropathie bezeichnet man die Schädigung mehrerer peripheren Nerven. Die Symptome treten am häufigsten in Armen und Beinen auf, da hier die Nerven am längsten sind. Weiterhin können aber auch die Nerven, welche die inneren Organe versorgen, geschädigt werden.

Zu den häufigsten Symptomen sensibler Nerven zählen gestörte Empfindungen wie Schmerzen, Kribbeln, Brennen und Taubheitsgefühl.

Sind autonome Nerven betroffen kann Durchfall, Verstopfung oder Impotenz noch die harmlosere Folge sein. Lebensbedrohlich wird es, wenn die Nerven betroffen sind, welche die Atmung oder den Herzmuskel steuern. Weiterhin kann es zu Lähmungen der Augenmuskeln kommen.

Die häufigste Ursache ist noch vor Alkoholmissbrauch die Diabetes. Diese wird jedoch auch durch den Missbrauch erst begünstigt.

Psychose

Neben der Vielzahl an körperlichen Folgeschäden gibt es weitere, psychiatrische, wie die Alkoholpsychose.

Eine Psychose kann substanzindiziert sein, also eine Folge des Konsums psychotroper Substanzen, oftmals auch mit mehreren Substanzen gleichzeitig.

Eine Psychose charakterisiert sich für die Betroffenen durch die Abweichung der eigenen Wahrnehmungen von der Realität. Geschmack, Gehör, Tastsinn oder optische Wahrnehmungen weichen deutlich von dem ab, was real wahrzunehmen ist. Dies können unter anderem Halluzinationen und Wahnvorstellungen bis hin zum völligen Realitätsverlust sein.

Bei Rund 10% aller Alkoholkranken tritt die Alkoholpsychose auf. Sie kann wenige Wochen bis Monate anhalten oder irreversibel sein. Sie tritt in der Regel dann auf, wenn der Blutethanolspiegel sinkt und als Folge zu viele Botenstoffe (Neurotransmitter) im Blut vorhanden sind, was zu Überstimulation führt. Je nach Stärke der Psychose können in der Konsequenz selbstverletzendes Verhalten oder Suizidversuche die Folge sein. Zu den häufigsten Alkoholpsychosen zählen die Alkohol-Halluzinose, das Korsakow-Syndrom, der Eifersuchtswahn und das Delirium tremens.

Splenomegalie
(=Milzvergrößerung)

Die Milz erkennt überalterte Blutzellen, filtert diese heraus und baut sie ab. Dies erledigt sie auch mit kleineren Blutgerinseln. Weiterhin kann sie Blutplättchen speichern und bei Bedarf wieder abgeben.

Sie produziert weiße Blutkörperchen, welche an der Abwehr körperfremder Stoffe beteiligt sind, also zum Immunsystem zählen.

Der durch eine Leberzirrhose entstehende Pfortaderhochdruck lässt das Blut bis zur Milz zurück stauen und diese in Folge dessen vergrößern. Die vergrößerte Milz speichert bzw. zerstört dadurch mehr Blutkörper und Blutplättchen, was das Risiko

für Infektionen und Blutungen erhöht. Diese Erkrankung wird als Splenomegalie bezeichnet.
Eine vergrößerte Milz ist niemals die Erkrankung selbst, sondern eine Folge einer anderen Grunderkrankung. Wird die Milz operativ entfernt, ist die Immunabwehr beeinträchtigt.

Übergewicht

Alkohol trägt stark zur Gewichtszunahme bei Menschen bei (= Bierbauch), die regelmäßig Alkohol konsumieren. Alkoholische Getränke sind an sich schon sehr kalorienhaltig, was allerdings nicht die einzige Ursache ist:

Alkohol führt zu einer vermehrten Ausschüttung von Endorphinen im Gehirn, wirkt somit sedierend, was eine Enthemmung mit sich bringt. Gleichzeitig wird das Hungergefühl angeregt und steigert die Lust auf kalorienhaltige Nahrung, wie Schokolade oder Chips.

Alkohol selbst wird in der Leber abgebaut, während das zugeführte Fett eingelagert wird in Bauch und Hüfte; dieser Vorgang wird als Stammfettsucht bezeichnet. Beim Mann entsteht somit der typische Bierbauch, wobei diese Begrifflichkeit nicht zutreffend ist, und das Gewicht nimmt zu. Bei der Frau findet die Einlagerung im Hüftbereich statt, meistens jedoch ohne Gewichtszunahme.

Das zu hohe Gewicht führt zu zahlreichen Folgeerkrankungen. Die Kombination von Alkoholkonsum und Übergewicht verdoppeln die Risiken nicht nur: Nach aktuellen Studien potenzieren sich diese.

Varizen

Die hier bezeichneten Varizen sind Krampfadern der Speiseröhre. Bei diesen Varizen handelt es sich um erweiterte Venen als Folge einer fortgeschrittenen Leberzirrhose.

Durch den Blutstau vor der Leber, in der Pfortader, erhöht sich der Druck in dieser Vene (Normal sind 3-6mmHg, Varizen entstehen ab > 12mmHg) und das Blut sucht sich einen anderen Weg zur unteren Hohlvene. Die so gebildeten Umgehungskreisläufe laufen unter anderem über die unteren Speiseröhrenvenen, welche sehr dünnwandig sind. Sie können dem gesteigerten Blutfluss nicht dauerhaft standhalten, und leiern daher regelrecht aus – es entstehen Krampfadern der Speiseröhre. Diese verlaufen zunächst beschwerdenfrei, so dass der betroffene Patient davon nichts bemerkt – so lange sie nicht aufbrechen.

Wenn diese Varizen aufbrechen kommt es zu teilweise massiven Blutungen, welche innerhalb von kürzester Zeit zum Tode führen können.

Bei ca. 30% aller Patienten mit Leberzirrhose treten diese auf und zählen zu den häufigsten Todesursachen dieser Krankheit.

Thinkin 'bout

© 2019 ausgegoren.de

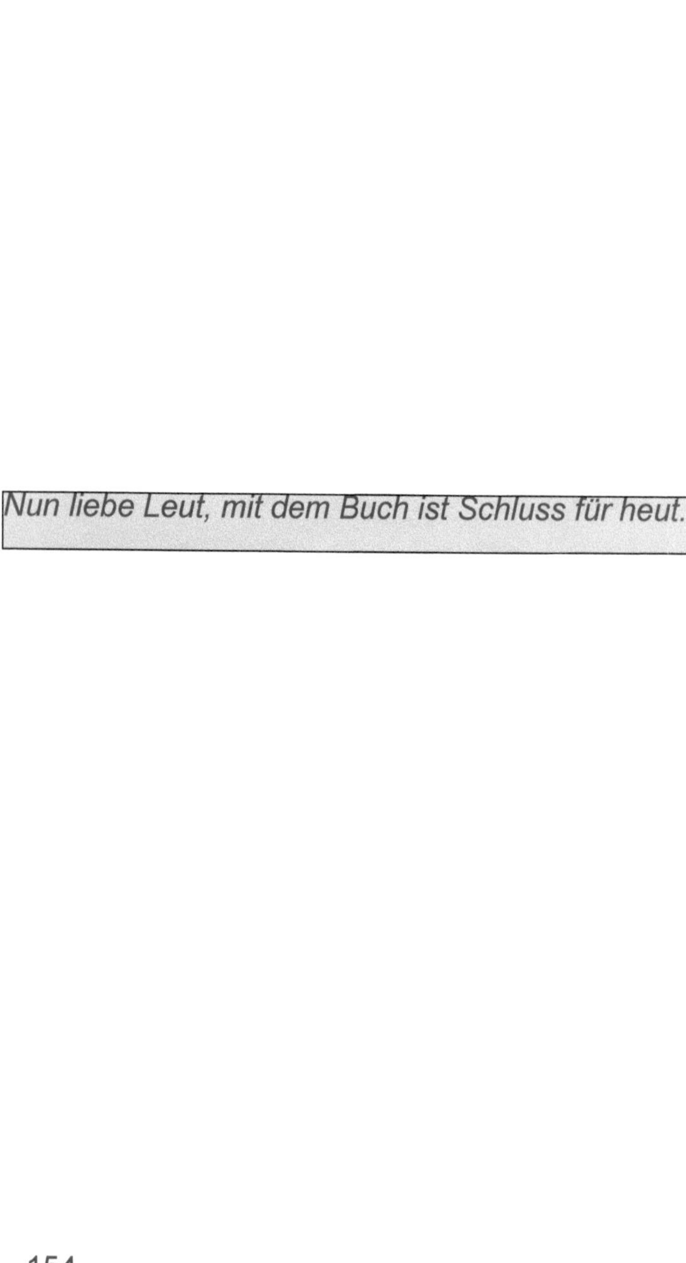

Nun liebe Leut, mit dem Buch ist Schluss für heut.

Quellenangaben:

In dieser Klinik im Hochschwarzwald hat man so seine Quellen: Die einen sind hoch über einem und speisen die Wasserversorgung des Hauses.
Die anderen laufen hier frei in der Gegend herum und sind Ärzte verschiedener Fachrichtungen, Suchttherapeuten oder Sozialberater, Physiothera-peuten und Mitpatienten.
Aber auch in den Entgiftungskliniken, einer Sucht-tagesklinik und in den Psychiatrien im Norden ließ sich in meiner Säuferkarriere sehr viel nützliches Material für dieses Buch sammeln.

Vielen Dank an alle!

Quellen für die statistischen Werte dieses Buches:

Deutsche Hauptstelle für Suchtgefahren
Bundeskriminalamt
Wikipedia

Psssssst.... zuklappen, is vorbei! :-)

LEIF KOSTMAS

Diffuse Entwicklung
Roman

„Realität ist eine Illusion, hervorgerufen durch den akuten Mangel an Rauschmitteln."

Aber wie war es denn noch gleich, nüchtern zu sein? Im Verlauf der Sucht geriet es in Vergessenheit.
Von falschen Wahrnehmungen, den Abarten menschlicher Psyche, instabilen und affektiven Emotionen sowie vorübergehender Bedürfnisbefriedigung und konstruierten Dreiecksbeziehungen.

ISBN: 978-3-748-13046-8
BoD -Nr: 587750